日韓交流スクランブル

各界最前線インタビュー

小針 進

大修館書店

はじめに

A国とB国の二国間関係を指して、「A・B関係が悪化した」と安易に言いがちである。一般に悪化とは政治・外交関係であり、人的・文化交流が良好でも無視されることがある。

たとえば、二〇〇五年から〇七年にかけての日韓関係において、首脳同士が相互訪問する「シャトル外交」は中断してしまったが、人的往来は質も量も史上最大の規模となった。日本人の訪韓者と韓国人の訪日者を合わせた数は、〇六年には史上初めて年間五〇〇万人を突破した。大衆文化面では日本における韓流が生き続け、韓国での奥田英朗作品などの日本小説も大ブームであった。

つまり、時に「日韓関係が悪化した」と言っても、政府間交流や政治家交流なりが悪化したのであって、文化・芸術交流、大衆文化交流、観光交流などは盛んな場合がある。

もちろん、政治・外交関係が国民感情や相互意識に及ぼす影響は依然として大きいが、その悪化で日韓間の人的・文化交流が急激には冷え込まない構造になった。これは次の宣言が出たころからのように思う。

「両首脳は、両国間の関係を、政治、安全保障、経済及び人的・文化交流の幅広い分野において均衡のとれたより高次元の協力関係に発展させていく必要があることにつき意見の一致をみた。また、両首脳は、両国のパートナーシップを、単に二国間の次元にとどまらず、アジア太平洋地域更には国際社会全体の平和と繁栄のために、また、個人の人権が尊重される豊かな生活と住み良い地球環境を目指す様々な試みにおいて、前進させていくことが極めて重要であることにつき意見の一致をみた。このため、両首脳は、二〇世紀の日韓関係を締めくくり、真の相互理解と協力に基づく二一世紀に向けた新たな日韓パートナーシップを共通の目標として構築し、発展させ……」

これは一九九八年一〇月八日に両国首脳（小渕恵三首相と金大中大統領）が東京で署名した「二一世紀に向けた新たな日韓パートナーシップ」と題した「共同宣言」の一説である。「日韓パートナーシップ宣言」と略され、戦後日韓関係の転機になったといわれている。ここでも両国関係を多分野に分けているのが特徴的だ。

ちょうど同宣言から一〇年となったが、この変化の時期に、筆者は各界・各分野の日本人と韓国人（在日・在米を含む）が、日韓両国と両国関係をどう見ているのかに強い関心を抱いてきた。特に二〇〇三年からの四年間は、雑誌の連載を舞台にして、「日韓交流」をキーワードにした各界の人々へのインタビューを月に一度は行って文章にする機会に恵まれた。

その他の機会を含めて一〇〇名以上の方々からお話を聞くことができたが、一言のコメントを頂いた方を含めて、そのうちの七〇名余りの方々のお話を盛り込んだのが本書である。そして、登場頂いた話者に対する筆者のコメントや筆者自身の日韓交流への視点を、さまざまなファクトやデータも織り交ぜて一冊にした。

「日韓交流」と書くと甘い響きがあるが、本書は「日韓友好万歳」を礼賛する提言の書ではない。お読み頂ければおわかりになるように、相手国に対しておもねるような意見を引き出したのではなく、話者が日本と韓国にどう関わり、交流のあり方をどう考えるかというリアリティのある証言ばかりである。戦後日韓交流の隠れた秘話もあるはずだ。

なお、本書では筆者自身の見解との混同を恐れて、登場して頂いた方々の発言はあえてすべて太字で表記した。読みにくいところもあるがお許し頂きたい。また、インタビューや基本取材を行った時期を各節の後半に記すこととし、特別なことわりがない限り、登場して頂いた方々の年齢や職名等は原則として当時のものである点をご理解願いたい。

目次❖『日韓交流スクランブル――各界最前線インタビュー』

【第一章】最高指導者の人々

1 総理大臣とハングル

元内閣総理大臣 中曽根康弘《なかそねやすひろ》さん

◆「異例づくし」の総理訪韓

「外国との関係は草の根交流が最も重要だ」という声が聞かれる。たしかにそうであろう。日韓間であれば、「普通」の人が等身大の相手国を知れば、荒唐無稽な「反日」や「嫌韓」は発生しないであろう。ただ、政治・外交の関係がまず安定してもらわないと困る。なぜならば、外交関係が悪化すると、交流事業が中止や延期となるケースがあるなど、文化・人的交流への悪影響が少なくないからだ。

今でこそ毎年のように日韓両国の首脳は相互訪問しているが、戦後日本の総理大臣が韓国を初めて公式訪問したのは、国交樹立から一八年も経った一九八三年のことだ。当時は中曽根康弘総理大臣であった。

この中曽根訪韓は異例づくしであった。「戦後初」だけではない。新総理の最初の外国訪問地は米国と相場が決まっていたが、それに韓国を選んだ。しかも、公式行事での総理スピーチの一部を韓国語で行った。これを契機に、両国のほぼ歴代の首脳が相手国を訪問するようになったから、戦後の日韓交流の歴史のなかで特筆すべき出来事でもある。

中曽根さんは当時のことをどう思っているのだろうか。都内の事務所に中曽根さんを訪ねてみた。

中曽根康弘元総理。1918年（大正7年）生まれ。総理在任期間は1982年（昭和57年）11月から87年（同62年）11月までであった

◆ハングルを独学でマスター

——日本における韓流ブームなど、日韓両国間の最近の大衆文化交流をどう見ますか。

もちろん、肯定的に見ています。日韓関係が正常であるからこその現象であって、日韓友好親善の大きな流れの基礎を作っています。たとえば、『冬のソナタ』の影響は非常に大きい。日本人観光客が韓国へ行って、『冬のソナタ』のロケ地を見て回っている。大衆文化の影響は大きいということを意味していて、非常に良い現象だと思います。

私も以前から韓国の文化に関心がありました。日本にとって特に大切なのは韓国、米国だ。外交面でも日韓と日米は基軸だから、私は総理大臣になって真っ先に韓国へ行き、その次に米国へ行きました。それまでの総理大臣は最初に米国へ行っていたから、韓国人も韓国重視の姿勢を喜んでくれました。総理大臣の時だけでなく、日韓関係改善のために、いろいろなことをできるだけやろうと、政治をやってきました。今も日韓協力委員会の会長を務めています。

――その一九八三年一月の訪韓では韓国語でスピーチしたといいます。当時、学習人口も少なかったハングルを、なぜ、どのように勉強しましたか。

韓国の政治家が日本へ来たら日本語で話をしてくれるのに、日本の政治家が韓国へ行って韓国語をぜんぜん使わないというのは失礼だと常々思っていました。総理大臣になって韓国へ行った場合の演説には、韓国語の挨拶を入れようという思いがあったのです。そこで、一九八〇年に行政管理庁長官に就任した時から勉強を始めました。

当時、ソウル特派員の任期を終えて帰国した田村哲夫さんという新聞記者に韓国語の学習方法を教わりました。まず、読めないといけないので、ハングル文字を独学したね。テープや作文の読本を使って、学生時代に帰ったような気分でよく勉強しました。ハングルで書かれた簡単な文章ぐらいは読めるようにと。文法もしっかり習得するように努力しました。

総理大臣に就任した時は、ある程度勉強が進んでいました。韓国訪問の直前には、演説文をカセットテープに入れてもらって、耳からも覚えて発音の練習をしました。

◆どよめき、静寂、拍手

——韓国語で挨拶した際、人々の反応はどうでしたか。

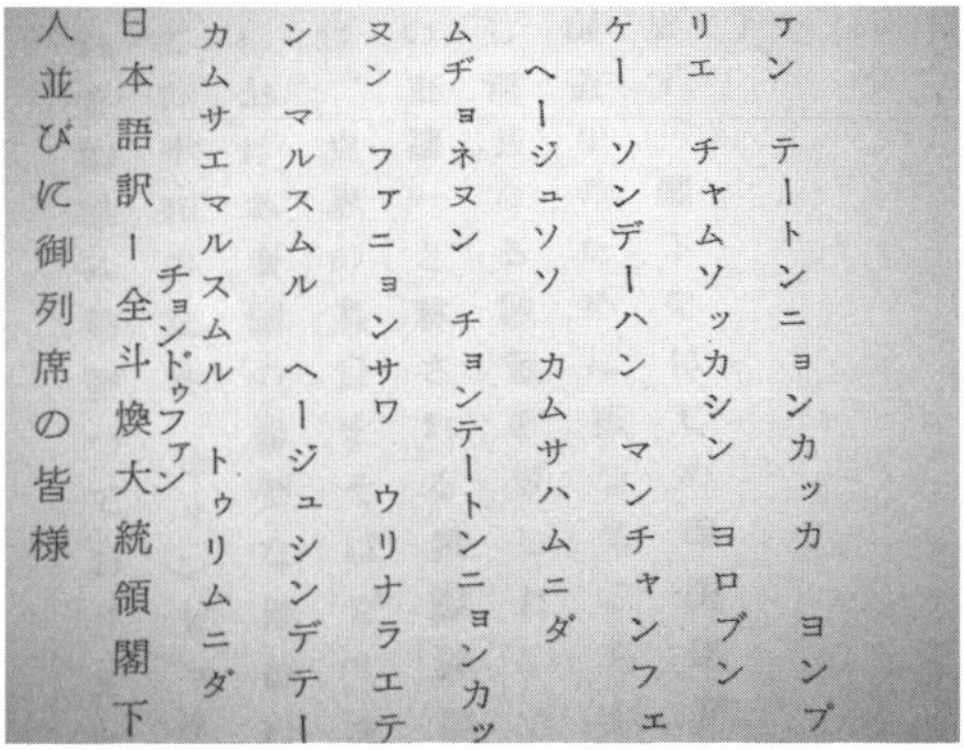
アン　テートンニョンカッカ　ヨンプ
リエ　チャムソッカシン　ヨロブン
ケー　ソンデーハン　マンチャンフェ
ヘージュソソ　カムサハムニダ
ムヂョネヌン　チョンテートンニョンカッ
ヌン　ファニョンサワ　ウリナラエテ
ン　マルスムル　ヘージュシンデテー
カムサエマルスムル　トゥリムニダ
日本語訳ー全斗煥《チョンドゥファン》大統領閣下
人並びに御列席の皆様

公式晩餐会でのハングルスピーチにカタカナで発音ルビをふった当時のメモ。インタビューのために保存ファイルから自らご披露頂いた

大統領主催の公式晩餐会が青瓦台（大統領官邸）で開かれて、韓国各界の代表の方々が三〇〇人ぐらい座っていました。私が演説の冒頭で、「전두 환《チョンドゥファン》 대통《テトン》령《ニョン》 각하《カッカ》（全斗煥大統領閣下）」と言い始めたら、「ワァー」というどよめきが起こりました。予想外だった。そのまま韓国語で挨拶を続けていくと、どよめきが止まり静まりかえって、真剣に私を見つめはじめたのです。

後日、他の人から聞いた話だが、そこにいた韓国の人たちは相当なショックを受けたらしい。まさか日本の総理大臣が韓国に来て、韓国語で挨拶をするなどとは夢にも思っていなかった。女性の出席者のなかには、ハンカチを出して涙を拭っていた人までいたそうです。感動したようでした。

もちろん、演説の中盤からは日本語でやったのだが、終盤はまた韓国語でしばらく話して締めくくりました。終わったら万雷の拍手だった。私のところまで人々が詰めかけて来て、歩くこともできないほど握手を求められました。

最も驚いたのは全斗煥さんのようだった。大統領は非常に気分をよくされて「中曽根先生、晩餐会の後ももう一杯飲みましょう」と、異例にも「番外の祝宴」を提案してくれました。大統領と私は別のところに移動して、他の数名とともに、一杯やった。私もカラオケのマイクを握って、「노《ノ》란《ラン》 샤쓰《シャツ》 의《エ》 사나이《サナイ》」、つまり「黄色いシャツの男」を歌いました。当時流行っていた韓国歌謡ですが、これも当時の訪韓のために覚えておいたのです。歌い終わると、これもまた度肝を抜かれたといった風に感動してくれました。すると、今度は答礼で全斗煥さんも日本語で「君を慕いて」という曲を歌ってくれました。

——今後の日韓関係に関して、若者へ何を望んでいますか。

長い濃密な歴史のなかで隣国同士の関係を築いてきたのが日本と韓国です。現在の日韓関係もその延長線上にあります。過去において過ちもあった。また日本は韓国から文化的な恩恵も受けてきた。そういう歴史的な認識をよく勉強して、これからの日韓関係のなかで自分は何をすべきかをよく考えてほしい。そして行動してほしい。

（インタビューは二〇〇五年二月）

＊＊＊

「総理大臣とハングル」をめぐる、あまり知られていない歴史的なエピソードである。外国語のスピーチが当該国の人々をどれだけ沸かせるかもわかった。ましてや、さまざまな経緯があった日韓間で、日本の最高指導者が公式の場で、ということならばなおさらであろう。韓国で日本大衆文化の開放が、日本では「韓流」ブームが、想像できるような時代でもなかった。

中曽根さんは日韓関係と韓国に常に目を向け続けているようだ。二〇〇八年二月にソウルの南大門が放火で全焼してしまったが、この時も韓国メディアは中曽根さんのことを報じていた。これによれば、「**南大門が火災に遭い、楼閣が完全に焼けてしまったことに対し、心よりおくやみを申し上げます。南大門は国宝第一号として韓国を代表する象徴物であり、韓国を訪問する度ごとに古人の偉業を示してくれました**」という中曽根さんの書簡が、韓国の要人へすぐに送られてきたという。南大門焼失でショックを受けた「普通」の韓国人も日本の元総理の誠意を感じただろう。同じようなお見舞いをした外国の元国家指導者はいなかったようだ。

李《イ》明博《ミョンバク》大統領の就任式出席のため、日韓協力委員会会長として訪韓した際も、日中韓三か国の友好・協力関係拡大のため三か国首脳会談開催を、同大統領に勧めた。インタビューの最後に提言しているように、「**日韓関係のなかで自分は何をすべきか**」を自身が常に考えているのだろう。

2「未来のために壊したのです」

韓国　元大統領　金泳三《キムヨンサム》さん

◆元大統領の「特別講義」

年に一度、筆者は研究室の学生たちを引き連れて韓国への遠征ゼミを行っている。最大の目的は、韓国の同じ世代の若者たちとゼミ生を交流させることだ（第六章参照）。ホームステイもさせてもらう。直接的な交流が国際理解には最も近道だと思うからだ。

そして、もう一つ目的がある。在韓識者による日本語での特別講義をゼミ生たちに受講してもらうことだ。金泳三元大統領に講義をお願いしたことがある。

金泳三さんの自宅は、ソウルの中心部からやや南の上道洞《サンドドン》にある。ここの応接室にわれわれを招いてくれて、そこで質疑応答の形式で講義が始まった。

ある学生が韓国における日本に対する世論に関して質問すると、同大統領は「**李承晩**《イスンマン》**大統領の時代は、街で日本語を話すだけで殴られました**」とまず切り出した。

一九二七年一二月生まれの金泳三さんは、李承晩時代の一九五四年五月の総選挙で当選し、当時の最年少議員（二六歳）として議員生活をスタートさせた。「**選挙運動では反日の話を相当しないと当選できないような時代だった**」と述懐していた。ましてや、大統領経験者のような高名な政治家が、日本の大学生を自宅に招待して日本語で語りかけるという光景はあり得なかっただろう。そもそも、一九五四年は日本の大学生が韓国に旅行できるような時代でもなかった。

日韓両国を往来する人の数は、日韓共催のワールドカップ・サッカー大会があった二〇〇二年には一日一万人の時代となったが、国交が樹立された一九六五年でさえ一年で一万人の時代であった。

◆旧朝鮮総督府の建物が壊された本当の理由

金泳三さんは一九九三年から九八年まで大統領であった。在任期間中の九五年は、朝鮮半島が日本の植民地から解放されて五〇周年にあたり、この年に旧朝鮮総督府庁舎の取り壊しが始まった。九五年当時、旧庁舎は国立中央博物館として利用されていたが、九六年末までに跡形もなく撤去された。

景福宮（李朝時代の王宮）の敷地内の相当部分を占める形で構える建物だった。「いわば皇居のなかにＧＨＱ（連合国軍最高司令官総司令部）の庁舎が建てられ、それが残っているようなものだ」とたとえる人もいた。

ある学生が、この取り壊し理由を金泳三さんに質問した。すると、回答は次のようなものであった。

「野党時代、その建物の前で記念写真を撮る修学旅行中の日本の生徒たちを見たことがありました。これはまずいと思いました。韓国人が見ると日本人が郷愁を感じているかのように見えて、反日感情が出かねないからです。未来のために壊したのです。眺めもよくなりました

金泳三元大統領。1927年、慶尚南道巨済島生まれ。ソウル大学卒。史上最年少の27歳で国会議員となり、野党総裁として民主化闘争を経て、1993年から98年まで大統領を務めた

し、いまでも良かったと思っています」

金泳三さんは、大統領在任中には「**民族の精気を回復し、歴史を清算するため**」と、その取り壊し理由を力説していた。その頃、ソウルで生活していた筆者はこの建物の目と鼻の先で働いていた。旧朝鮮総督府の庁舎だからといって、膨大な費用をかけて破壊するのはナンセンスだと思った。だから、「外国へ行ったら、その国の中央博物館を訪れるのは当然だ。ここに来て郷愁を感じる日本人はいない。むしろ美しい王宮の隣に建てたのを見て、『日本人はひどいことをしたなあ』と思うはずだ」といったことを韓国の新聞に書いたり、著書で批判的な見解を述べてきた。

ただ、金泳三さんのこの発言は、狭いナショナリズムや日本への反感によるものではなく、韓国

人の誤解によって反日感情が出かねないことを憂慮していたことを意味する。たしかに、日韓関係の「生き証人」として残しておくのもよいが、韓国人がこの建物を見て複雑に思う限り、「反日感情が出かねないから、未来のために壊した」という判断も未来志向的かもしれない。

◆必要なのは「正直さと義理堅さ」

「栄光は短い。ただただ、苦しい職務だと思う」

これは、大統領という職務に関する質問をした学生への回答の中で、金泳三さんがまず語った一言である。

「このポストは人のことばかり考えていなくてはいけない。国民は多くのことを期待します。でもすべての要望に応えることもできません」

だから、「苦しいのだ」という。

金泳三さんとは何度も会ってきた。これまでの政治家人生で、気分が良かったことと、苦しかったことに話が及ぶと、必ず次のような話をされる。

「大統領選挙で当選（一九九二年一二月）してから、大統領に就任（九三年二月）するまでの二か月間は気分が良かったです。希望に満ちていた。ただ、それ以降は苦しい決断の連続でした。大統領という職は栄光の時間が短く、苦悩の時間が長い。また軍事政権下で長く自宅軟禁されました

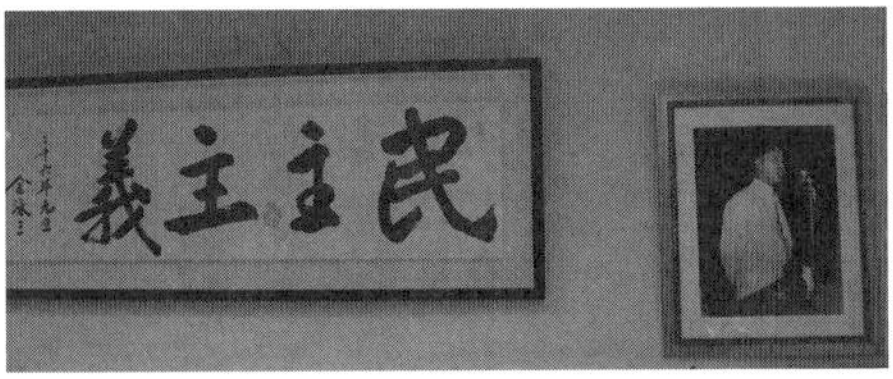

年初の揮毫は「民主主義」で、１年間、応接間に掲げられる。最も大切にされるべき理念だが、危機にも陥りやすいからこそ書いたという。右には国会議員初当選時の写真がある

が、これもつらかった。刑務所では知人との面会や手紙の交換が可能であっても、自宅軟禁ではそれすらできない。監禁と言ってよい。『君たちがいくらこんなことをやっても、いつかは必ず大統領になる』と軍事政権側に言ってきました」

金泳三さんは大統領を退任後、そのポストに座った在任中の金大《キムデ》中《ジュン》さんや盧武鉉《ノムヒョン》さんの政策に批判的な発言もしていた。でも、その職務が苦しいことを実体験で知っているのだから、現職大統領の苦労を、実は最も認識しているのではないかとも思えた。

「政治家には正直さと義理堅さが兼ね備わっていなければならない」とも強調する。現在の韓国の政治家には、「正直さと義理堅さ」が欠如している人が多いのだそうだ。

大統領経験者が、日本の大学教員と学生との約束を守って特別講義の「義理」を果たし、学生の質問に「正直」に答えてくれた。そんな元大統領と日本語で接しながら、韓国や日本の政治家に限らず、ＩＴ（情報技術）社会の現代だからこそ、「正直さと義理堅さ」はすべての現代人に必要条件のように思ったのであった。

◆流暢な日本語の背景に

筆者が携わってきた研究の一つとして、戦後日韓関係や韓国現代史の話を聞き書きする作業（オーラルヒストリー）がある。二〇〇五年から約三年間、金泳三さんを対象にしてきた。中京大学の佐道明広教授やソウル大学の朴喆熙《パクチョルヒ》教授らと、上道洞の自宅に二〇回以上は通った。通常、朝の一〇時過ぎにお伺いして、昼一二時ぐらいまで聞き書きをする。

「今朝もバドミントンをしてきました。地域の主婦らと一時間くらいバドミントンをするのが、健康のための朝の日課です」

こんな金泳三さんの雑談から聞き取りは始まる。「アンニョンハシムニカ」と韓国語で切り出しても、**「日本からわざわざ自宅に来たお客さんだから日本語で話しましょう」**と言ってくれる。だからほとんどの会話は日本語になる。

「流暢ですか。いや、そうでもないですよ」と元大統領は謙遜するが、お世辞抜きで大変な日本語力だ。とは言っても、この日本語は外国語学習の一つとして習得したわけではない。学童期が日本による植民地時代であったから、通っていた中学校の授業はすべて日本語だった。「その時すでに日本語をすごくわかっておられたのですか」と問うてみた。

「そうではないですね。その時は、一クラス六〇人の内、日本人が四〇人、韓国人が二〇人でした。韓国人の学生が韓国語を使うと、日本人の学生がすぐ先生に言いつけるように校長が奨励して

いました」

いわば「学ばされた言語」なのだ。元大統領の流暢な日本語の背景に、日韓の過去の歴史を感じざるを得ない。

「今、特別な勉強をしているわけではありません。日本語力を今も維持しているのは、読んだり、聞く機会が多いからでしょう。日本の素晴らしい本があるといえば読む。日本の新聞を三紙購読していますし、ＮＨＫのニュースを見ることもあります」

ことばに対する感覚が鋭い。

「『しゃべる（喋る）』ということばがありますが、良い意味では使わないと理解していました。ところが日本の国会中継などを見ると、『さきほど、大臣がこうしゃべりましたけれど』とやっている。『お話をする』という意味で普通に使っているのですが、時代が変わったのかなあとも思います。『こうお話しになった』と丁寧に言ったほうが良いのではないでしょうか」

たしかに、『明鏡国語辞典』（大修館書店）で「しゃべる」を引くと、「ものを言う。話す。特に、無駄なことを口数多くぺらぺらと話す」とあり、否定的な意味合いを帯びている。

外国語学習に対する思いもたくさんある。

「日本で韓国語を勉強する人が多いのは良いことだと思います。ことばを勉強するということは、その国の生活や思考を考えることになる。韓国で日本語を勉強する人にも同じことが言えます」

これだけ日本語が流暢でも、大統領時代に日本の首相と公式会談する時は、外交関係である以上、当然、通訳が入った。次のようなエピソードも披露してくれた。

「とても優秀な通訳でも間違える時があります。私の発言を日本語にした通訳に、『君、私の言ったことと少し違う訳だなあ』と言ったら、顔を真っ赤にするんです。韓日首脳会談の時に二回くらいありました。通訳は重要です」

さぞかし元大統領の通訳はやりにくかったことだろう。

静岡県立大学の学生に自宅を案内する金泳三元大統領

◆日本へのシンパシー

先にも紹介した「栄光と苦悩」ではないが、金泳三さんの日本観には「シンパシーとアンチ」の両面が垣間見える。

ネット上に、金泳三さんのことを「対日強硬派のイメージ」「反日」と書いてあるのを見たことがある。たしかに、中国の江沢民主席との共同記者会見で、「悪い癖を改めさせてやる」と日本に対して吐き捨てるように言うなどした。筆者もこの発言を批判した小文をかつて書いた。

ただ、会うたびに「この人は反日ではないな」とつくづく思う。「反感」や「憎悪」だけの対象で、かつ協力も拒否する姿勢を日本に対して見せているのならば、「反日」であろう。だが、金泳三さんはそうではない。先の発言のように、日本への対抗意識は認められるが、せいぜい「アンチ日本」といった程度の感情なのだ。否定的な話よりも、肯定的な話を多くする。

筆者は金泳三さんと接しながら、日本に対してむしろシンパシーを感じているのではないかと思うようになった。これは、金泳三さんが流暢な日本語を話し、いろいろな日本人と直に接してきたからであろう。とくに、植民地時代の恩師や大統領時代の橋本元首相との交流が大きかったのではないか。

◆恩師渡辺先生、田中・橋本・細川元首相との交流

野党時代から日本の政治家との交流は多く、「**田中角栄元総理が与党の幹事長時代に、東京の神楽坂で朝の三時まで激論を交わしながら飲んだこともあります**」と言う。

大統領在任中、日本の総理大臣は、宮沢、細川、羽田、村山、橋本と変遷した。なかでも、橋本元首相とは互いに気心が知れた仲だった。「**私と古くから関係があるから。政治の先輩である私を형님《ヒョンニム》（兄貴）と言ってね**」と、橋本さんとの思い出話をするときは得意満面といった感じである。

韓国で発刊した回顧録でも、「**公式的な席以外では、いつもヒョンニムと呼んで最大限の礼儀を尽**

くしてくれた」、（通貨危機に見舞われた際に支援してくれたので）「**私は今でも橋本総理が積極的に助けてくれたことに感謝している**」と書いているほどだ。橋本さんは二〇〇六年七月に亡くなったが、八月に東京で行われた内閣・自民党合同葬にも金泳三さんは参列した。

また細川元首相夫妻からは、首脳会談での食事の際、二人の結婚のエピソードを聞いたそうだ。細川さんは大学時代、同級生にプロポーズしたが断られた。卒業後、参院選に二六歳で立候補したが落選した。失意の中、海外へ一人旅に出たところ、ロンドンで彼女と偶然再会した。まだその女性が「結婚していない」と言うので、再びプロポーズして、帰国後、めでたく結婚した——といった内容である。

このエピソードがかなり印象深かったらしく、回顧録にも書いてある。また、退任後の二〇〇六年、自宅そばの初等学校（小学校）の生徒と父母を対象にした地域貢献のための学校講演会で、この話を披露したら、大ウケだったという。「**生徒たちは日本の首相に人間味を感じたと思います**」という。

先に韓国語の使用を厳しく禁じた中学校長の話があったが、人間味といえば、日本人と韓国人を差別しない立派な先生もいたそうだ。

「**渡辺先生と言います。本当に立派な方で、その当時、日本人よりも韓国人学生に関心を持ち、よくしてくれるのです。心からね。それも一日でなくて何年間もそうだったから。私は一九五四年**

に国会議員となってからすぐ渡辺先生ご夫妻を韓国へ招待したことがあります。国交正常化前で日本語を使ったらはばかられるような時代にですよ。先生は喜んで泣きました。私の人生にも影響を及ぼした恩師です」

こうした昔の日韓関係を踏まえたうえで、最近の日韓交流に関してはこんな意見を述べる。

「韓国と日本の若い人たちの交流は本当に重要だと思う。なんと言っても韓国と日本というのは昔の感情がありますからね。ないといったらウソになる。それだけに交流する意味は大きい。韓国の若者が日本へ、日本の若者が韓国へ行く。そして、それぞれの家に泊まったりすると、相互理解が深まります」

元大統領のことばは取り立てて特別なことではない。それでも、植民地時代からの日韓の愛憎関係を知っている。大統領経験者として、政治・外交面での日韓の協力と葛藤の歴史も知っている。だからこそ、単なるきれいごとのことば以上の重みがあるような気がする。

（基本取材は二〇〇三年一一月〜二〇〇七年一二月）

【第二章】官界・学界の人々

1「相互理解は確実な知識から」

韓国　元外務部長官（外相）　孔魯明《コンノミョン》さん

◆日本大衆文化の解禁

韓国では日本の植民地支配を受けた歴史的背景から、日本からの文化面での影響を防ぐため、日本映画の一般上映、日本歌謡曲のレコード・CDの販売、日本語の歌の公演などが、長い間、原則的には禁止されてきた。ただ、日韓間を往復する旅行者の手によってミュージックテープやビデオテープが持ち込まれたから、「原則禁止、実態開放」が長い間続いてきたと言ってよいであろう。

盧泰愚《ノテウ》政権から金泳三《キムヨンサム》政権にかけて、日本大衆文化開放に関し、高官の発言やマスコミによって問題が提起されはじめる。一九九八年一〇月、金大中《キムデジュン》大統領（当時）の訪日を受けて、韓国政府は日本大衆文化の段階的開放措置を発表した。漫画の単行本・雑誌の日本語版の輸入、日韓合作映画や日本人俳優の出演する韓国映画、四大国際映画祭（カンヌ、ヴェネツィア、ベルリン、アカデミー）受賞作の上映などがすぐに解禁された。翌九九年九月に発表された同措置第二弾では、「二〇〇〇席以下での室内公演場」での日本の歌謡曲のコンサート開催を可能とし、日本映画上映も国際映画祭の範囲が大幅拡大され、受賞作以外でも条件が緩和された。二〇〇〇年六月にも同措置第三弾が発表され、アニメーション、ゲーム、放送、CDに関しても、条件付きで初の開放措置がとられた。日本歌謡の公演は室内外問わず全面開放され、映画も「一八歳未満入場禁止」以外のものは全面開放された。

さらに、盧武鉉《ノムヒョン》政権下の〇四年一月には、同措置第四弾として、日本語の音楽CD、テレビゲームソフトの販売、一八歳以上観覧可の映画が解禁された。〇五年は日韓間の政治・外交関係が急激に悪化したため、「開放幅拡大を検討」の対象にされていたバラエティー番組と地上波でのテレビドラマの放映は未開放のままである。ただ、衛星・ケーブル放送でのドラマの放映は第四弾で認

孔魯明元外相。1932年に咸鏡北道で生まれ、ソウルで育った。ソウル大学卒。58年外務部に入り、93年駐日大使、94～96年に外務部長官を歴任。その後、東国大学や翰林大学で日本学研究所所長、東西大学碩座教授

められており、仲間由紀恵主演の「ごくせん」などの視聴率が好調だ。

一方の日本では、〇三年にNHK衛星放送でペ・ヨンジュン主演の「冬のソナタ」が放映されたことを契機に、韓国ドラマブームに火がついた。「ヨン様ブーム」「韓流現象」ということばが日本のメディアに登場するようになった。大衆文化交流が双方向になったわけである。

日本大衆文化開放の問題に関して、先駆的な問題提起を最初にしたのは、外相などの要職を歴任した孔魯明さんだった。

孔魯明さんは駐日大使時代の一九九四年一月、「**韓日間の大衆芸術交流も、これからは正攻法で考える時が来た**」「**選別されていない日本の大衆芸術がひそかにわが文化の中に入るのを放置するよりも、良質な大衆芸術交流が成り立つようにしなければならない**」と発言したことがある。

当時、この発言は物議を醸した。韓国メディアは「日本との大衆文化交流は慎重に扱わなければならない。孔大使がなぜこの時点で日本の大衆文化輸入問題を提起したのか理解できない」(『朝鮮日報』一九九四年二月二日付、社説)と批判した。政府・与党も「現段階では日本文化の輸入開放を検討していない」との見解をわざわざ発表したほどだ。

ただ、二一世紀の現在から見れば、孔魯明さんの発言はきわめて当然のものであった。実は当時も、実態としては「原則禁止、実態開放」の状態なのだから、議論の契機になって良いという巷の声を、ソウルに住んでいた筆者は多く耳にした。

その孔魯明さんを訪ねて、日韓関係について日本語で話を伺った。

◆日韓関係の進展のために

——二〇〇二年に日韓共催ワールドカップ（W杯）が開催されました。この間の動きをどう評価しますか。

もし韓国が、あるいは逆に日本が誘致に成功して単独で開催していたら、両国の国民感情には大きなしこりが残っていたでしょう。サッカーが国民や国家間にダメージを与えてはいけない、両国がやれるようにしなければならないと、共催決定前から私は言っていました。その後の展開を見ても、共催してよかったと思います。

——長期的に振り返るといかがですか。

ずいぶん長い道を、韓日両国はたどってきたなあという実感です。一九九八年に両国間に日韓パートナーシップ宣言が出されましたが、そこで示された歴史認識のように、日本側の開けた姿勢が一九六五年の国交正常化当時から出ていたならば、この四〇年の歴史はちょっと変わっていたかもしれません。

——成熟した関係になってきたのならば、二国間だけでなく、両国が協力して国際的な貢献が何かできると思うのですが、お考えはどうですか。

その点はいろいろなことを考えてきました。両国とも国際貢献に関心があるわけですが、韓国はODA（政府開発援助）の総額が日本よりも少ない。日本が資金協力を多くする分、韓国はマンパワー（人力）を増やして協力する方式で、プロジェクトを作れば、発展途上国の学校建設、公衆衛生の整備、女性の地位向上などに貢献し得ると思うのです。東南アジアの海上での海賊対策などでも、韓日協力が可能です。

——日韓関係の進展のために必要なことは何だと思われますか。日本人と韓国人の双方に必要だと思うことをお聞きしたいです。

お互いもう少し確実な知識に基づいて相互理解を目指すべきだと思います。一〇年余り前のある調査では、日本人の五人に一人が日本による植民地支配の事実を知らず、その期間についても三四・八パーセントが「わからない」、四五・五パーセントが実際より短いものと思っていたという結果が出ました。駐日大使時代、東京のプレスセンターで講演した際、その会場で「大使、私もその事実を新聞社に入るまで知らなかったんです」とある記者が言うのを聞いて驚いたことがあります。韓国側も相手への正しい認識が必要です。「日本にあるものはすべてルーツが韓国にあり、それが渡ってきた」といった見方があって、その尺度を二一世紀においても使うような人もいます。こういうアナクロ（時代錯誤）的な考えではなく、日本文化について勉強する必要がありますね。

◆刺激されたり、習ったり……「目に見えない隣国の貢献」

——外交官として日本との付き合いが長いわけですが、日本や日本人について感心する点はどんなところですか。

私は日本に対する考え方のなかに「偏見」があります（笑）。金素雲《キムソウン》（一九〇八〜八一）という詩人がおりますが、彼が「木槿通信」というエッセイを書きました。その中に東京で生活していた時の話が出てきます。ある夜、東京郊外の暗い道で提灯《ちょうちん》を持った女性とすれ違ったところ、しばらく立ち止まって、自分のためにそれを照らしてくれ、水たまりのぬかるみに入らずに済んだというエピソードなんです。それを読んでから「日本人は親切なんだ」という「偏見」（笑）をずっと持ち続けてきました。もの作りをしっかりやる点も感心します。その一方で、日本の人々はあるルールやワクからはみ出たら、相手を理解しようとしないというか、厳しいなあと思うところがあります。外国人が日本のカルチャーに馴染みにくい背景ですね。

——日韓関係の今後をどう展望されますか。

歴史のなかで、現在の韓日間はとてもポジティブな関係です。韓国から見ると、日本がそばにあるから刺激になり、産業化の原動力になった。最近読んだ新聞のなかに、次のような記事がありました。ある牛乳会社が創業当時にホルスタイン種の乳牛を米国から七〇頭輸入したところ、妊娠したメスのお腹から子牛をどう取り出すかが問題になった。試行錯誤の末、日本から取り寄せた文献通りにやったら成功したというもの。隣国から刺激されたり、習ったり。こんなことも「目に見えない日本の貢献」かもしれませんね。こうした小さなことを見ても両国関係は重要で、展望も明るく見ています。特に、ＦＴＡ（自由貿易協定）が韓日間で締結されたら、経済と政治へのプラスの波及効果が大きいと思います。

――日本で韓国語を学ぶ人がけっこう多くなっています。

ことばの学習は、その背景にある文化に入ることにもなります。正しい相互理解、交流増進に積極的に寄与するでしょう。ただ、ことばを習うことで、韓国を理解する人もいれば、逆に韓国へ強い反感を持つ人も残念ながらおります。親近感を持つようになってもらいたい。先に紹介した金素雲の「木槿通信」なんかは読んでほしいですね。

（インタビューは二〇〇四年二月）

＊＊＊

日韓関係に携わる人の中で、社会的な地位が高いにもかかわらず、親しみやすく気さくに話してくれるが、その一方で緊張感も内に秘めている人が何人かいる。日韓間の懸案を議論する時は厳しいが、いつも人間味ある笑顔を絶やさない。筆者は会議でたびたびご一緒するが、これからも経験を踏まえた提言や歴史の証言を日韓に向けて発信してほしい。

2「二国間の関係は多元的であるべき」

慶應義塾大学教授・前鳥取県知事　片山善博《かたやまよしひろ》さん

◆「冬ソナ」発祥の地で聞いたことば

二〇〇五年という年をご記憶だろうか。一九六五年の日韓国交正常化から四〇周年を迎えたこの年を、日韓両国政府は「日韓友情年」と定めていた。ところが、実際には「日韓葛藤年」になってしまったのだ。二～三月に島根県議会が「竹島の日」条例の制定に動くと、韓国の政界は「過去の侵略を正当化し、大韓民国の解放を否定する行為」と過剰反応した。韓国の反発を日本側は「盧政権が支持率低迷の打開を狙ったもの」と無神経にとらえる向きが多かった。そして、これによる両国の外交関係悪化は、両国国民の相互認識にも影響が大きかった。靖国神社参拝をめぐって日中関係も悪化した時期だ。

江原道の道庁所在地である春川には「冬のソナタ」にちなんだモニュメントがたくさんある

その一方で、前年が「ヨン様」ブームの全盛期でもあったので、韓流現象が日本で引き続いた。韓流をどう評価するかといった国際会議やセミナーが両国で多数催されたのもこの頃で、筆者もたびたび出席させてもらった。その一つにこの年の六月、江原道《こうげんどう》春川《チュンチョン》で開かれた「韓流フォーラム二〇〇五国際学術大会〜韓流の持続性と江原道の役割」があった。春川は「冬のソナタ」の主なロケ地であったから、いわば「韓流の聖地」での会議であった。その際、「冬ソナ」の撮影場所も巡ってみた。ペ・ヨンジュン扮するチュンサンが高校時代を過ごしたという設定の家は、「チュンサンの家」として観光客にも開放されていた。そこの主人である車錦善《チャグムソン》さんというご婦人は、筆者を案内しながら次のようなことを言っていた。

「日本人に複雑な感情を持つ韓国人は多いが、韓流であちら（日本）がこちら（韓国）を好きと

言っているのだから、こちらもあちらを嫌いになる道理がない。韓日関係も夫婦関係のようなもので、ケンカはつきものだ。もちろん自分の主張ばかりしてはダメだが、毎日ケンカしていれば仲も良くなる」

なぜか頭に残ることばだった。江原道は日本の鳥取県と姉妹交流をしている。鳥取県の知事が日韓交流についていろいろ発言していることも知った。そしてその知事は韓国語が堪能らしい。当時鳥取県知事であった片山善博さん（その後、慶應義塾大学教授）をこの年に訪ねて、日韓交流のあり方やハングル学習について聞いてみた。

◆引っ越しできない日本と韓国

――鳥取県は江原道と活発に交流しているなあというイメージがあります。片山さん個人としての日韓交流に対する基本的な考えはどういうものですか。

隣り合っている日本と韓国は引っ越しできない間柄です。付き合いの術《すべ》を身に付けないといけません。両国は、深い歴史的な関係があり、ことばも文化も似ています。近現代史以降は、日本が韓国を植民地化し、それに付随する問題も発生しました。たとえば、今中央アジアに多くの朝鮮民族が居住しています。これは植民地化される前後に朝鮮半島から沿海州に移動し移住していた人々を、スターリンが日本人と紛らわしいと言って強制移住させた結果です。こうした事実を多くの日本人

片山善博さん。1951年生まれ。74年東京大学卒業後に旧自治省入省。99年に鳥取県知事に当選し、07年まで2期8年在任。退任後は慶應義塾大学教授

はあまり知りません。その意味からも韓国という国、その歴史などに関心を持つべきだと思います。

――それでは、日韓関係や両国の交流における地方の役割をどう考えておられますか。

日韓間に限りませんが、二国間の関係は多元的であるべきだというのが私の基本的な考えなんです。いろいろな形でのつきあいがあっていい。外交のパイプだけではもろいものになってしまいます。国と国の間にはトラブルがあり得るわけですから、外交関係だけでそこが詰まってしまったら、ちゃんとしたつきあいができなくなります。ところが、地方と地方、地域と地域、人と人といった多元的で多様な関係があれば、ある一つのパイプが詰まったとしてもなんとかなるわけです。特に、近くて歴史的にもさまざまな経緯があった日韓の間は、地方間の交流があったほうがスムーズな関係を築くことができると思います。

――具体的には、鳥取県でどのようなことをやっていますか。

鳥取県の場合、気負った交流をしているわけではないのですが、さまざまな行事の際には韓国からの参加が一般的になっています。たとえば全都道府県が持ち回りで実施している全国規模の行事、

つまり「全国生涯学習フェスティバル」（二〇〇五年）、「国民文化祭」（二〇〇二年）の開催自治体が鳥取県になった際などにも、韓国からも参加してもらいました。こうしたことがあまり違和感もなく、当たり前のようになっています。その意味では、日韓交流は特別な事業ではなく、一般化・日常化しているんですね。

◆「知識の偏りを痛感しました」

——学生あるいは子供も交流に参加しますか。たとえば、ホームステイは新しくない手段なのですが、効果がてきめんですよね。

　さまざまな交流には子供たちも緊張しないで参加しています。お話のホームステイも実施していますが、おっしゃるとおり観念でなくお互いの実相がわかるので効果が大きい。それから、お互いの伝統文化や郷土芸能を大切にすることにも力を入れています。私はメディアによる中央からの文化の垂れ流しには危機感を持っています。各地域は個性を失うことのないよう自らの文化を守り育てる努力をする必要があります。そこでたとえば鳥取の麒麟獅子舞と韓国のサムルノリをともに楽しめる催しを開いたり、二〇〇二年には因幡《いなば》の傘踊りをソウルで披露したりしました。優れた伝統芸能は人々を感動させます。文化や芸術は国境を越え、共有できるコミュニケーション手段でもあります。

――『地域間交流が外交を変える　鳥取―朝鮮半島の「ある試み」』（片山善博・釼持佳苗著、光文社新書、二〇〇三年）という本を読んで、片山さんがハングルを解する知事だと知りました。

　国土庁に出向していた一九八四年、米国行きのはずが韓国出張の命令が出ました。当時、韓国には関心もなく、気が進みませんでしたが、外務省にアドバイスを求めに行った際、「片山さん、少しでもことばを覚えて行ったほういいですよ」と言われたんです。それで韓国語を勉強しはじめてみると、文法がとても似ていて驚きました。隣国のことばと日本語の類似性にカルチャーショックを受けました。「なぜこんなことに無知であったのか」と知識の偏りを痛感しました。そして、안《アン》녕 하《ニョンハ》십니《シムニ》까《カ》？（こんにちは）、처음《チョウム》 뵙겠《ペッケ》습니《スムニ》다《ダ》（はじめまして）、저는《チョヌン》 가타야마라고《カタヤマラゴ》 합니《ハムニ》다《ダ》（私は片山です）、감사《カムサ》합니《ハムニ》다《ダ》（ありがとう）といったことばを覚えて訪韓したのです。

◆「ことばの魔力」を感じた初訪韓

――一九八四年に初めて韓国を訪問されて、習ったハングルを使ってみたらどうでしたか。

　韓国語で挨拶するだけで、韓国の人はとても喜んでくれたのです。とても新鮮なショックでした。米国へ行って、‘Nice to meet you’と英語で言ってもこんなことはない。むしろ英語の発音が悪いと言って、憐れまれるのが関の山。ところが韓国ではどこへ行っても、たどたどしい発音であっても顔をほころばせて喜んでくれる。ことばの魔力を感じました。これが韓国語を学習する私のモチベーションですね。

——韓国出張が終わっても、勉強を進めていったわけですね。もっと勉強しなければと。

そうです。勉強を進めていくと、日本語と大変に似ているとあらためて思うようになりました。母国語を客観的に見つめるような気分にもなりました。必ずしも法則ではなく、偶然なのかもしれませんが、似たような言いまわしや単語が多いことに感動しました。たとえば、걸다《コルダ》、걸리다《コリダ》という動詞があります。日本語で「かける」「かかる」の意味です。「電話をかける」(전화를《チョナルル》 걸다《コルダ》)、「服をかける」(옷을《オスル》 걸다《コルダ》)、「一〇〇万円かける」(一〇〇《ペン》만엔을《マンエヌル》 걸다《コルダ》)、「期待をかける」(기대를《キデルル》 걸다《コルダ》)、「病気にかかる」(병에《ピョンエ》 걸리다《コルダ》)の日本語の「かける」「かかる」を英語に訳したらすべて異なる英単語になるのに、韓国語ではほとんど「かける」「かかる」でカバーできる。これは驚きです。

そもそも、日本語で「(服を) 掛ける」と「(一〇〇万円を) 賭ける」が、なぜ同じ「かける」という音なのか。これも韓国語を勉強することによって得られた母国語への問題意識です。듣다《トゥダ》(きく)もそうです。「話を聞く」(이야기를《イヤギルル》 듣다《トゥダ》)、「薬が効く」(약이《ヤギ》 듣다《トゥダ》)のように使います。日本語での音は「きく」であり、表記は「(話を) 聞く」、「(薬が) 効く」であっても、これは漢字をあてたにすぎない。韓国語の듣다という単語は「聞く」でもあり、「効く」でもある。これを学んだ時、根源的には「きく」というのは身体にスッーと入り込むという意味ではないのかなどと思っ

たわけです。また、「まぶしい」と「눈부시다《ヌンブシタ》」も不思議に似ていますね。「まぶしい」の「ま」も「눈부시다《ヌンブシタ》」の「눈《ヌン》」も目のことです。それに、それぞれ「ぶし」と「부시《プシ》」をつけるとまぶしくなる。

◆「から方言」と昔話

――鳥取で使われていることばとハングルでは似ている面はありませんか。

鳥取では「から方言」というのがあります。たとえば、「東京で取材を受けた」と言うところを、「東京から取材を受けた」と表現し、「から」という助詞をfromだけでなく、atの意味でも使うのが鳥取県東部の方言です。なぜ「から」と使うのかなあと不思議に思う人が多いわけですが、韓国語を習った人ならばピンとくるわけです。対岸の朝鮮半島では「〜で」も「〜から」も、「〜에서《エソ》」と使いますからね。鳥取弁の「から方言」はユニークだなあと思っていましたが、ひょっとすると日本の他の地域では棄ててしまった、東アジアで共通して見られる用法なのかもしれません。

――ことばの類似性もおもしろいですが、文化交流を思わせるような痕跡はないですか。

鳥取県には韓国との文化交流を示すおもしろい話がいろいろあって、朝鮮半島から山を持ってきたという逸話があります。大山《だいせん》（米子市など鳥取・岡山両県にまたがる中国地方で最高峰の山）の隣に孝霊山《こうれいさん》（高麗山とも）という山が旧淀江町（米子市）にあります。昔、「伯耆《ほうき》の国の大山と背比べをさせよう」と、朝鮮半島から（神々が）山を持ってきたところ、大山の高さにはかなわないと言って大山の隣に山を投げ捨てて帰ってしまった。それが高麗山になったという逸話なんです。

一方、江原道へ行った際、雪岳山《ソラクサン》にくっついているウルサンバウィという岩山をめぐる伝説を聞きました。昔、金剛山《クムガンサン》（朝鮮半島を代表する名山）で岩山のコンテストのようなものがあり、慶尚道の蔚山《ウルサン》から岩山を運んだところ、遅れて行ったので金剛山の周囲は岩山で満杯になっていて参加できなかった。あきらめて蔚山へ戻る途中に重いその岩山を雪岳山に投げ捨てたという話でした。この伝説が大山と高麗山の逸話と似ているなあと思いました。

いちばん左側の高い山が孝霊山（標高 751 m）。高麗山とも書き、逸話ならずとも朝鮮半島とのゆかりを思わせる名称だ。右側の雪をかぶっている山が大山（写真提供：鳥取県広報課）

◆ことばを学んで多様な文化をエンジョイしよう

――そうした逸話はほのぼのとしていますが、近年、東アジアで垣間見える「排外的なナショナリズム」が気になります。片山さんはどう思われますか。

ナショナリズムには良い面もあります。自分の国の歴史や文化に誇りを持つことは当然です。ただ同時に相手の国にも歴史や文化があるわけで、それをわれわれも尊重する姿勢が必要です。自分の国だけが良くて、他の国のものはダメなんだという考えは間違っています。文化というものは相対的なものです。しかもその多様な文化をエンジョイするという姿勢も大切です。幸い鳥取県では日韓交流を推進するなかで、韓国の歴史に関心を持ち、その文化や芸術を楽しむ人も増えてきました。

——日本人と在日コリアンの若者に何かアドバイスはありますか。

私もＮＨＫの語学講座で勉強しましたが、ことばをよく勉強することが重要だと思います。若い日本人が隣の国のことばを、また在日コリアンの若者であれば母国のことばを、それぞれ勉強する意味は大きい。これまでお話ししたように、私も韓国語を勉強して感動することが多かったです。日本語がけっして孤立した言語ではないということがわかり、日本語を客観的に眺めるという機会にもなります。そして、ことばを勉強するとその背後にある文化、歴史、人々の価値観、ライフスタイルなどが気になってくるものです。その国のトータルな関心にもつながっていく。ことばを知らずにある国に関心を寄せるのも良いことですが、やや表面的になってしまう。ことばを学んでこそ、相手国の文化も楽しみ、尊重しようという気持ちになるものです。若い人たちにはそのように交流してもらいたいですね。

（インタビューは二〇〇五年一一月）

＊＊＊

自分の名前をハングルで書けるだけで得意気な政治家や文化人がいるが、この人はまったく違う。語彙はもちろん、発音や文法にも詳しく、正真正銘の韓国語の使い手だ。韓国での生活経験があるわけでもなく、キャリア官僚を経て情報公開などを徹底し「改革派知事」と呼ばれるほどの激務のなかで、韓国語や韓国文化に関する知識をどうやって得てきたのかと思うほどだ。しかも、メモなどを一切見ないし、お役所ことばによる回答もない。「知韓派」だが、韓国におもねるという姿勢は微塵も感じられない。ただ、韓国語の単語や日韓関係の話題を次から次へと口に出す時の目が、子供のように（?）輝いていたのが印象的だった。

「**隣国のことばと日本語の類似性にカルチャーショックを受けました**」と片山善博さんは述べていたが、こうしたことに気付かず国際文化論を展開している知識人が意外と多いように思う。隣国との類似性を考えず、「これは日本だけだ」と肯定的であれ、否定的であれ、日本の特殊性を強調する議論がある。こんな議論を耳にすると、薄っぺらい感じがする。逆に、近隣諸国との類似性を踏まえたうえでの複眼的な「日本特殊性論」には重みを感じる。

3「日本の社会を考えるヒントがあります」

京都造形芸術大学教授・元文部科学省広報調整官
寺脇《てらわき》 研《けん》さん

◆「霞が関」の韓国映画通

いわゆる「霞が関」の世界にもコリア通は少なくない。外務省は当然だが、その他の中央官庁にも大勢いるのだ。韓国に駐在経験がある人もいれば、仕事で朝鮮半島とかかわりを持っただけの人もいる。

日本と韓国のマスメディアをチェックしていると、近年、日韓文化交流の関係でその名が登場するようになった中央官庁出身者がいる。文部科学省の大臣官房広報調整官であった寺脇研さんである。韓国のインターネット検索サイトで「데라와키 겐」（テラワキ・ケン）と打ってみると、結構な件数がヒットする。内容を読むと、韓国映画通であることもわかる。

寺脇さんは退官されて、その後は京都造形芸術大学教授に就任されたが、官僚時代に霞が関のオフィスを訪ねて、日韓文化交流、韓国映画、ハングル学習などについて聞いてみた。

◆日本社会を考える意味からも韓国映画を見る

——韓国映画に詳しいですよね。最初に見たのはいつ頃ですか。

私は映画評論家としての活動も三〇年くらいになり、映画を五〇〇〇本以上見てきました。ところが、つい数年前まで韓国映画をほとんど見なかった。私が見てきた映画の九九パーセントは邦画なのですが、これは自分の属する社会の映画を見ていこうと思ったからです。一九九五年に三本の韓国映画をたまたま見ましたが、自分が住んでいる社会とはかけ離れた話だったので興味が持てませんでした。ところが、この約二年半で約二〇〇本の韓国映画を見るようになり、いまでは日本で劇場公開される韓国映画を可能な限りすべて見るようにしています。

——突然、多数の作品を見るようになった理由は何ですか。

第一に、韓国の社会が変化し、日本の社会をも考えられるようになった点が挙げられます。日本社会を考える際に、邦画だけを見てもわからないと考えるようになりました。つまり、韓国の珍しさを知りたいというよりも、同じエリアの民主主義国である韓国映画を見ると、日本の社会を考えるヒントがあります。第二に、邦画よりも韓国映画がおもしろくなってきたからです。私も映画フ

寺脇研さん。1952年生まれ。九州に育つ。75年東京大学卒業後に旧文部省入省。文部科学省官房審議官、文化庁文化部長、同省広報調整官などを経て、2006年11月に退官後、京都造形芸術大学芸術学部教授

ァンですから、おもしろい映画が見たい。

――それにしても、わずか二年半ほどで約二〇〇本とは多い。韓国映画を猛烈に見るきっかけとなった特別の作品でもあるのですか。

いいえ。私は韓国映画を見てから、韓国に興味を持つようになったわけではないので、そうではありません。韓国へ行ってその社会に興味を持った後に、韓国映画を猛烈に見るようになったのです。「劇場公開している」「ＤＶＤが出ている」と聞けば手当たり次第に韓国映画を鑑賞しています。おかげさまで、二回目の韓国出張からは、ソウルに違和感がなく、「よく知っている見慣れた街」という思いになりました。

◆文化的に素敵なこと

――韓国語を学習する人々に思うところはありますか。

日本の教育課題のひとつは、小学校から英語を必須にするどうかの問題で、私もかかわっております。そこでよく例として「韓国でも小学校三年生からやっている。だから日本でも」という声が聞こえてきます。これもひとつの意見でしょうが、モチベーションの面ではどうか。語学学習は社会的に強制していく面よりも、当事者がいかにそれを必要とするかという面が大切であるように思います。たとえば、ＮＨＫテレビのハングル講座を見ている人は、韓国ドラマを吹き替えではなく韓国の俳優の声で直接理解したくて、ことばを学んでいる人も多い。強制ではなく、そういうモチベーションがあることは素晴らしい。

——生涯学習を担当する審議官も務められましたよね。その視点からはどうですか。

韓流ファンの女性たちで、しかも韓国のことば・歴史・文化まで学ぼうとする人は、自分が見つけたすばらしいものを、臆せずに「それが好きだ」と主張している人々なんです。まさに生涯学習の意味するところであり、文化的にとても素敵なことです。また、在日コリアンの若者たちもこれだけ日本社会が変化しているということを認識してほしいですね。私のように邦画しか見なかった男性が、韓国映画ばかり見るような時代なのです。

（インタビューは二〇〇六年七月）

とてもざっくばらんに話してくれる人だというのが寺脇さんへの全般的な印象だ。テレビで社会問題をコメントしている時と同じ語り口である。

寺脇さんを紹介してもらったのは、韓国留学経験がある藤崎育子さんという不登校・ひきこもりの訪問相談の専門家で、霞が関の人ではない。寺脇さんには官僚の匂いよりも、「文化」の香りがする。映画評論家としての顔も持つからだろう。実は筆者も邦画ファンで、かつ東京出張中に空き時間があると劇場封切り中の韓国映画か邦画を見る口だ。もっと映画の話を聞いてここで紹介すればよかったと思う。『韓国映画ベスト100―「JSA」から「グエムル」まで』（朝日新書、二〇〇七年）という、韓国映画一〇〇作品を扱った映画評の本も出版されている。

韓国論の本はこれが初めてのご著書のようだが、教育論の本は二〇冊程度出されている。近年の主なものには『さらばゆとり教育―学力崩壊の「戦犯」と呼ばれて』（光文社、二〇〇八年）、『それでも、ゆとり教育は間違っていない』（扶桑社、二〇〇七年）などがある。この書名からもわかるように、寺脇さんは「ゆとり教育の旗振り役」とマスコミから呼ばれてきた。「ゆとり教育」が批判にさらされても、寺脇さんはブレない。

＊＊＊

「ゆとり教育は間違っていなかった?」との新聞記者の問いに、**「ゆとり教育は一〇年、二〇年と**

か、自分の生きてるうちに結果がでるようなものではないと思います。国の行政は先を見越してやるもの。今すぐ、みんなからほめてもらおうということではない」（『産経新聞』二〇〇八年五月八日付）と、答えている。つまり、国の施策としての教育政策の効果は、数年ではなく、何十年後でないと結論が出せないという主張だ。

寺脇さんは、筆者とのインタビューのなかで、日韓間の国民感情について、「この一〇〇年のうちでは最も良い関係にあると言ってよいのではないでしょうか」と語っていた。外交関係で事が起これば韓国で「反日」、日本で「嫌韓」が頭をもたげるが、長いスパンで見れば、どうということもないのかもしれない。

また、長いスパンといえば、韓流ファンの女性を母に持つ子供たちは、将来、親の影響で肯定的な韓国観を持つ者が多くなるのではないかと思う。少なくとも、親が韓国・朝鮮人の悪口を言うのをよく聞いた既成世代とは異なるのではないか。

4「次世代学術フォーラム」という共同実験

東西大学教授 張済国《チャンジェクック》さんら

◆日韓の人的ネットワーク構築を目指して

歴史認識問題などをめぐって日韓関係はたびたびギクシャクする。二〇〇五年は竹島領有権問題に端を発して、前年の「冬ソナ」ブームで盛り上がった両国関係は急激に冷え込んだ。ただ、この年は日韓国交樹立四〇周年でもあったので、これに合わせた両国民の意識調査などもいろいろと実施され、発表された。

韓国紙『文化日報』と世論調査会社の韓国リサーチが同年六月に韓国全土で実施した世論調査もそのひとつだった。今後の日本との関係を問うた質問では、「経済と地域安保など国益のために必要に応じて関係を結ばなければならない国」と答えた人（七一・二パーセント）が、「すべての面で良い関係を結ばなければならない国」と答えた人（二三・八パーセント）よりも多かった。特に、若い世代である二〇代だけを見ると、前者が八〇・三パーセント、後者が一四・三パーセントと、日本との関係をよりドライにとらえていることが読み取れる。

張済国さん（左）と小笹克行さん（右）

この世代はインターネットなどを通じてボーダレス感覚で日本の大衆文化にも慣れ親しんでおり、必ずしも「反日」というわけではない。ただ、生身の日本人と接した経験が多い層かどうかは疑問であり、だからこそドライになり得るのだろう。

「韓日間では人的ネットワークが絶対的に不足しています。両国で葛藤が生じた際、人的なパイプが稼働して、それが解消できた時代が、かつて政界ではありました」

こう言うのは、東西大学教授の張済国さんである。一九六四年生まれの張済国さんは留学（慶應義塾大学大学院博士課程）とビジネスのために一九九四年から二〇〇三年まで東京にいた。

「帰国して気になったことは、自分が日本で経験したことと韓国で流布される日本についての話がとても異なることでした」

こうした思いから二〇〇三年九月、日本研究センターを同大学に発足させた。

さらに、自身が代表となって同センターが主管する形式で「韓日次世代学術フォーラム国際学術大会」という研究発表の場を年に一度設けて、江原道から済州道《さいしゅうどう》までの韓国の大学院生、北海道から沖縄までの日本の大学院生に参加を呼びかけた。

「両国の大学院生は未来のリーダーになり得る存在です。韓国と日本の大学院生が研究発表のために一堂に会し、知り合いになっていれば、人的なパイプが構築されていくのではないか」

こうした発想から、このフォーラムはできたのだった。第一回（二〇〇四年）と第二回（〇五年）を釜山《プサン》にある同大学のキャンパスで開いたが、第三回（〇六年）が京都（立命館大学）、第四回（〇七年）が東京（城西大学）、第五回（〇八年）がソウル（ソウル大学）と、日韓の他校に巡回させている。事務局は東西大学が引き続き担当しつつ、輪を広げるためにこうしているのだろう。

第五回までに、このフォーラムにかかわった大学院生を中心とする若手研究者は、二〇〇〇人を超えた。そのなかには、日韓両国の大学で教鞭をとっている人が大勢いる。

◆締切日を守り細かすぎる日本と厳守しないがおおらかな韓国

筆者も同大会の運営委員の一人なので、怪我で欠席した第三回以外はすべて様子をのぞいてきた。第五回までの場合、九つの分科会に分かれて、一〇〇人以上が参加しているのだが、注目すべきは韓国研究を行う大学院生と日本研究を行う大学院生の集まりではないということである。つまり、研究でも生活でも日韓関係に関与したことがない参加者、つまり韓国と関係がなかった日本人と、日本と関係がなかった韓国人のほうが多いのだ。

同センターの事務局長である小笹克行さん（四一）によれば、「『自分は日本とも日本人とも関係がない研究生活を送ってきた。でも昨年参加して日本の大学院生たちから刺激を受けたし、対日関係は大切だと思った。今年はレセプションでもっと個人的な話をしたいので通訳の配置では配慮してほしい』と要望してきたソウルのある大学院生がいました」という。

韓国の大学で働く小笹さんが事務局長ということは、運営そのものが日韓の共同作業の場だ。小笹さんは日韓両国の多くの学校と大学院生を相手に、事務的な処理をさばく立場にある。仕事のなかで、どんな点で日韓の違いを感じるのだろうか。次の発言はおもしろい。

「日本は提出書類の締め切りを守る半面、細かい質問をする人が多いです。韓国は細かいことを言わない人が多い半面、時間や期限を守らない傾向があります」

日韓関係が悪化すると、両国の地方自治体が関係するいくつかの行事が中止となることがある。この学術大会にも波風はあるのかを張済国さんに聞いた。

「これまで一部で冷たい反応がなかったわけではありませんが、取りやめようとはまったく思わなかった。こんな時だからこそ、やらなければなりません。そして、この大会の効果は長期的に見

第５回日韓次世代学術フォーラム国際学術大会での、ある分科会の様子（2008 年６月、ソウル大学）

なければいけません」

◆日韓関係と無縁だからこそ

このフォーラムに実際に参加した大学院生らはどのような感想を持ったであろうか。

「**他の大学院生の発表だけでなく、韓国の文化にも関心を持てました**」と言うのは、平井芽阿里さん（二四、立命館大学大学院博士後期課程）だ。平井さんは、「現代社会における村落祭祀の伝承と変容―沖縄県宮古島西原を事例として」を発表した。発表はすべての内容が訳されるわけではない逐語通訳によって行われたのだが、外国でも自身の研究発表が通用したことで、「**言葉の制約は十分に超えられると思いました**」と自信を得た様子だった。「**韓国側は発表も質問も非常にハッキリと発言します。これは良いことですね**」と学ぶべき点として評価していた。

ソウル大学のある教授は、「**日本側はセンシティブ（敏感）な問題を具体的に取り上げる発表が**

多かった。**韓国側は理論的なものが目立った。お互いに勉強になったはずではないか**」と言っていたが、発表の作法をめぐって日韓の差はいろいろとあるようだ。

フォーラムのために東京から一時帰国した早稲田大学大学院博士後期課程の韓国人留学生である羅《ラ》京洙《ギョンス》さん（三二）は、早稲田大学の事務局でこのフォーラムの案内を見た。①日韓共同の学術発表の場である、②若手だけの発表である、③ソウルや東京でなく地方の大学が主導している……こんなことが魅力で参加したという。羅京洙さんは、「国際社会における『ヒトの移動』の一考察」を発表したが、「**参加した大学院生の多くがこれまで相手国とは縁がない人であり、発表の内容そのものも韓日関係とは関係のないテーマが多い。相手を知るきっかけになるので、むしろこれが良いことだと思います**」と言う。

実際に、韓国との接点がなかった谷部真吾さん（三四、名古屋大学大学院文学研究科グローバルCOE研究員）は、次のようにフォーラムを肯定的に評価する。「**日韓関係の悪化などで、日本での韓国に関する情報があまり芳しくなかったので、参加をどうしようかと思いました。だが実際に来てみると、発表の場で活発な意見交換ができただけでなく、街で道をたずねると言葉がわからなくても韓国人は一生懸命にわれわれに道を教えてくれるんですね**」。谷部さんの発表テーマは、韓国とはまったく関係がない「祭りの変化と社会環境の変動―静岡県森町の『森の祭り』を事例として」だった。フォーラムの時間外では歴史認識問題についても議論する機会があり、「（違いを）乗り越えられるのではないか」という思いを持ったそうだ。

二国間の共同作業は、作法の違いで摩擦や葛藤も十分にあり得る一方で、相手から刺激を受ける、相手の良さと自らの良さがあぶり出せる、相手を理解する機会になる、自らの自信が得られるといった効果があるように思う。そして人的なパイプが形成され得る。特に、韓国とあまり縁がなかった日本人と、日本と縁がなかった韓国人の若者が、共同作業することでお互いの良さと悪さを理解することは大きな意味があるのではないか。

（基本取材は二〇〇五年六月）

5「直接的なことが決定的な意味を持ちます」

琉球大学教授・東京大学名誉教授　伊藤亞人《いとうあびと》さん

◆学問の分野から見た韓国・朝鮮と日本とは

日本と韓国・朝鮮は似ているところもあるが、異なることも多い。

「一般に韓国人は日本人よりも虫や草木の名前に詳しくないです。なぜならばモノに対して淡白だからです。場所に対するこだわりも日本人ほどありません」

以前、ある研究会でこんな事例を文化人類学者が披露するのを聞いたことがある。伊藤亞人さんの話だ。韓国・朝鮮研究の第一人者である。筆者は、文化人類学が専門ではないが、現代韓国の社会と政治を研究するうえでも、この先生の著作や論文から多くの示唆を受けてきた。

日韓国交樹立（一九六五年）から間もない七〇年代初頭より、伊藤さんは韓国の農村（全羅《ぜんら》南道《なんどう》

伊藤亞人さん。1943年、東京都生まれ。東京大学を退官し、2006年4月からは琉球大学で教育・研究にあたっている

珍島《チンド》上萬里《サンマルリ》）に住み込み、民俗文化を研究する現地調査を始めたことで著名である。当時、韓国には文化人類学者がいなかった。また上萬里には電気もなく、食糧も自給自足の世界だった。

文化人類学という学問の分野からは韓国・朝鮮についてどのようなことが言えるのだろうか。三〇年以上も学者として見つめてきた韓国・朝鮮への思いや日本との関係、またこの地域における学問の役割などについて、どう考えておられるのか。

伊藤さんは二〇〇六年四月から沖縄に赴任されている。東京大学大学院総合文化研究科教授を定年退官される頃、東京・駒場の研究室を訪ねてみた。

◆貧しくてもイキイキとしていた七〇年代初期の韓国

——なぜ韓国・朝鮮研究を志したのですか。七〇年代初期と言えば、関心を向ける人は少なかったでしょうね。

もともと日本の民俗学から研究を始めたのですが、広い視野から比較したいこともあり、東アジアを取り上げようと思いました。まず中国の少数民族に目が向いたのですが、体制も異なる中国では調査などできるはずもない。そして、韓国・朝鮮を研究対象として意識するようになりました。もともと韓国・朝鮮には関心がありました。子供の頃、母方の実家に朝鮮人学生が下宿していたことが一因です。ちょっとしたきっかけが、何かに目を向ける大きな要因になるのです。また、韓国・朝鮮研究を誰もやらないという状態だったという点も、魅力ではありました。東大で主任教授だった泉靖一先生（故人。植民地時代の朝鮮生まれで、かつての京城帝国大学出身）の影響も受けました。

——最初に韓国を訪問されたのは一九七一年七月のようですが、その頃のことをお聞かせください。

東大に客員教授で来られていた先生などを頼って、現地調査を試みました。個人的には初めての海外でした。開発独裁で、かつ、厳しい南北対立があるなかでも、人々の表情は明るかったのが印象的でした。村へ行っても、大人も子供も、貧しくとも皆イキイキとしていました。七二年夏に語学留学したのですが、今思えば、その通学の途上で見た人々の顔をすべて写真で撮っておけばよかったと思うほど、人々がはつらつとしていたのです。

——七二年後半には長期にわたって上萬里での現地調査をなさるわけですが、不便な村で生活する自信はありましたか。

1971年に伊藤さんが済州島で撮影した子供たちの微笑ましい様子。村人との信頼関係が調査には不可欠だ

それは自信がありました。文化人類学者のなかにはニューギニアなどへ行く人もいるのですが、そうした人は水を飲むために濾過器を作ったりとか、イモを自ら作ったりする場合もあるのでそれと比べたら楽です。ただ上萬里での食生活はご飯、汁物、漬物といった程度であり質素でした。当時、タイなどの東南アジアで現地調査する人のほうが、多彩なものを口にできたかもしれません。

◆朴柱彦《パクジュオン》さんとの出会い

——現地調査ではそこで暮らす人々の協力が不可欠で、そのためには人間的な信頼を得る必要があると思います。韓国人との人間関係における信頼は、意識して勝ち取るのでしょうか、それとも結果的なものなのでしょうか。

相手も当時の私のような若い日本人が珍しいわけで、関心を持つ人が近づいて来ます。開けっ広げ、ストレートで話をしていきます。そういうなかで、だんだんお互いのことがわかってくるのですね。

なかでも、朴柱彦さんという人とは、いまでも友人として親密なつきあいをしています。日本人の研究者とフィールドの人との関係では、他に例がないと言ってよいほど深くて長い人間関係だと思います。彼は限りなく深みのある人です。もともと地元の新聞記者などをしていましたが、『月刊珍島の人々』という韓国で初の郷土誌を出したりしました。

私と付き合ううちに彼も人類学的な思考を持つようになりました。こちらの影響も受けるわけです。そして、韓国のことを私に説明するうちに、「韓国はこうでなければいけない」というモラリストにもなるのです。相互の影響が生じるわけです。偶然の出会いでしたが、偶然性というのは学問にとって大きい。韓国の学者は私と彼のことを「잘 만났다《チャルマンナッタ》（よく出会ったものだ）」と言うほどです。

――現地調査を通じて、「次から次と新しいものが見えてくるし、全てどこかで関連するので、あちこち首を突っ込んでいるうちに収拾がつかなくなって今日に至りました」（『教養学部報』二〇〇六年二月一日付）と、東大の新聞に書いておられますね。具体的にはどのような意味ですか。

たとえば、韓国の台所で伝統的に据えられている甕《かめ》を例にしましょう。甕が家庭の中でどういう

珍島上萬里のある家庭に置かれた大小の甕。これを手がかりにさまざまなことが見えてくる。1974年に伊藤さんが撮影した

位置を占めているのかという視点から言えば、女性に関する研究になる。甕を作った人はどういう人か、それがどうもたらされたのかにも考えが及ぶ。そして甕の産地へ行ってみると、そこには陶工がいる。彼らの社会的地位も研究対象になるわけです。

一方、甕を使うのは家庭の女性ですが、その向こうには男性社会があるわけです。両班《ヤンバン》（近世の特権階層）であれば男性は一切手足を動かさず、儒教的なタテマエばかりを言う。同じ家庭の中で男女が共存しており、そこから経済的、社会的な研究もできる。そして甕にはいろいろなものを祀《まつ》りますが、そこには宗教的な考察が必要となります。ですから甕をひとつの手がかりにして、韓国社会のいろいろなものが見えてくるわけです。

◆重要なことは対話を深めるという誠意

——三〇年以上も主に文化人類学の立場から、韓国・朝鮮研究を行ってきたわけですが、どのような刺激がありましたか。

刺激というよりも、適度な緊張をもたらしました。緊張とは、韓国人の対日意識にかかわるもの、思想的なもの、政治的なものなどです。特に、韓国人の対日意識に対して日本人は時には自意識過剰になります。ただ、いい加減にことばを濁すような対応は許されません。ことばを選びながらも、自分の考えを述べる必要があります。竹島問題などにしても、おもねるようなことを言っても韓国人は満足しないし、人間関係を結べません。歴史問題にしても、自分の考えを述べるのです。喧々《けんけん》囂々《ごうごう》の状況になっても、相手も「なるほどね」とか言うものなのです。重要なことは対話を深めるという誠意です。また日本人は、韓国人を「親日」か「反日」かという二者択一で考えがちですが、そんな単純なはずがありませんね。

——日韓関係における学問の役割とは、どのようなことがあるでしょうか。

生活と乖離《かいり》してはいけないけれども、目に見えない社会の深層をたえず把握しようという視点から、韓国理解を行うことが学問の役割だと思います。ただ、あまりに細分化される傾向が学問の世界ではあります。学問とはあくまでも「人間の研究」なのですから、部分を取り上げるだけではダメなのです。あくまでも全体の見取り図がなくてはなりません。部分をつぎはぎしても全体にはなり得ないのです。それでは韓国人を理解できません。

◆生活者交流の時代

――七〇年代に韓国語学習を始められた頃は今のように教材もなかったでしょうね。

大学院生の頃、ソウル大から東大へ客員教授として来た李《イ》杜鉉《ドゥヒョン》先生という方に、아야어여《アヤオヨ》（韓国語で「あいうえお」に相当）の初歩から厳しく習いました。模範的な発音を録音したリール式のテープもくれたりしました。おかげでその一年半後の済州島《さいしゅうとう》での調査ではことばを使うことができました。七二年にはソウル大の語学研究所と延世《ヨンセ》大学の語学堂で勉強しました。韓国語学習を激励してくれる人はいても、自らそれを学ぼうとする人はほとんどおらず、軍事独裁国家の言語の学習というイメージで見た人もいました。

――日韓交流に対する基本的な考えはどう思われますか。

市民交流の時代だということです。多様な市民が生活の延長線上で感性を共有することが交流です。音楽、美術、スポーツなど手がかりは何でも良い。ただ、両国間でモノが売り買いされるとか、映像を通じてとかいった間接的なことではなく、生活者として日本人が韓国へ行く、韓国人が日本へ行くといった直接的なことが決定的な意味を持ちます。日韓間ではこれが行いやすい環境にあり、その到達度はすでに高いレベルですね。

——日韓関係の現状をどう評価されますか。

市民レベルの感覚に基づいた交流は広がりを持つようになり、相互イメージもよくなりました。他方において、国益、国家の主権、安全保障、国際秩序とか、国家の枠にとらわれたエリートたちによる、生活者とは異質の論理や観念が、日韓関係においては逆機能しているのではないかと思います。東アジアの地域社会では生活圏を共有したり、市民レベルの交流を促すべきなのに、国益云々を若手の国会議員などがすぐに話したがる。これが逆機能として作用しているという自覚を彼らに促したいですね。

——朝鮮民主主義人民共和国（北朝鮮）の問題も生活者の視点が必要でしょうか。

北朝鮮は同じ東アジアの域内にあり、日本人はかかわらざるを得ません。周辺との「格差」に起因する諸問題はわれわれに与えられた大きな課題です。問題解決のために何ができるか。ヒューマンな役割、つまり日本に住む人たちが国際社会に貢献できる機会だと肯定的に考えるならば、われわれにとっても新たな目標になるかもしれません。

◆アジアの社会のために何ができるのか

——韓国・朝鮮研究に長くかかわった学者として、次世代の人たちに提言したいことは他にありますか。

日本人が日本のために働くのは当たり前であり、近隣アジアの社会のために何ができるのかといった、視野を広げてほしいです。韓国社会のために、北朝鮮社会のために働いても、それは日本人のために働くのと同じ意味を持つということです。市民社会は国の枠を超えた市民連携が大切です。理解しない人からの雑音や国家レベルや為政者同士のいざこざがあっても気にせず、大きな展望を持ってほしいですね。

――東大を退官されてからは、琉球大学大学院人文社会科学研究科博士課程（比較地域文化研究専攻）で教鞭をとられます。なぜ沖縄なのでしょうか。

沖縄は日本、中国、朝鮮半島の周縁にあった海のなかの王国でした。政治・経済では周縁でしたが、その文化には近隣から熱い関心を持たれてきました。沖縄らしさがだんだん失われて行くなかで、中央の視点からではない研究をして、その沖縄らしさの維持に寄与したい。そう思って沖縄への赴任となったのです。

（インタビューは二〇〇六年三月）

＊　＊　＊

このインタビューを行う直前、東京大学駒場キャンパスでの伊藤さんの退官最終講義があった。その案内をもらった時は、「えっ？　そんな年齢なの」と思った。とても若々しく見えるからだ。

と同時に、このインタビューのように明快な話しぶりが年齢を感じさせないのだ。そして自分の主張だけを一方的に述べるわけでもなく、聞き手の筆者が合間に述べる話題にも熱心に耳を傾けてくれる。実はこういう人（特に学者）は決して多くない。農村の人々などとの信頼関係を築きながら、三〇年以上も韓国社会での聞き書きを含めた現地調査にたずさわってきた一級の文化人類学者だからこその姿勢であろう。

『文化人類学で読む日本の民俗社会』（有斐閣選書）という本を二〇〇七年一二月に出版されたが、これを一読すると伊藤さんの文化人類学における守備範囲の広さと深さに触れることができる。この本の帯には、「**アジアでいち早く近代化を果たしながら、西欧文明の基準では未開ともいえる文化伝統を残しているユニークな日本社会を、韓国や中国と対比しながら浮かび上がらせます**」と書いてある。韓国人が日本人よりも虫や草木の名前に詳しくないという話を冒頭で書いたが、同書の「物（もの）と民俗知識」という章には「**日本では、童謡の中でも虫の鳴き音を何種類も聞き分けられていたり、東京の子供たちですら蟬の名を五種類は知っていたものである。これに対して韓国では、自然の動物や植物に関する知識は驚くほど淡白で、蟬はすべてメーミ、秋の虫はみなキトゥラミと一括してしまう**」と説明している。近隣諸国の文化と比べてこそ、日本社会のユニークさが理解できよう。

二〇〇六年に出版された『韓国夢幻―文化人類学者が見た70年代の情景』（新宿書房）には、伊藤さんの三〇年以上にわたる学問的軌跡と韓国社会の様子がよく描かれている。自ら撮られた一八〇点以上の写真も掲載されており貴重な記録だ。

ところで、伊藤さんはこうした研究成果のなかで、「だから日本人のほうが優れている」とか、「だから韓国社会のほうが素晴らしい」といった議論は一切していない。インタビューで、「国益云々を若手の国会議員などがすぐに話したがる。これが逆機能として作用しているという自覚を彼らに促したい」と語っておられたが、「日本人の誇りを取り戻せ」、「国益を第一に考え毅然として行動しよう」などと、安易に言う政治家が多すぎるように思う。年配の国会議員やジャーナリストが、息子のような年齢の議員から「それでも日本人ですか」と言わんばかりの議論を吹っかけられている光景をテレビで見ることがある。

「日本人は毅然とした外交姿勢で……」と言われると聞こえはいいが、日本と周辺国のナショナリズムを刺激するだけで、結果的に日本人の理解者を遠ざけてしまう逆機能になっている。韓国の政治家も同じようなものだ。たとえば竹島・独島問題でも、韓国が韓国の主張だけを、日本が日本の主張だけを、ことさら「われわれだけが正しい」と大声で叫んでいても、それぞれの国益に逆機能するのではないだろうか。

筆者も、「**東アジアの地域社会では生活圏を共有したり、市民レベルの交流を促すべき**」という発想のほうが、結果的に日本と日本人のシンパを国際社会で増やすことになると思う。

【第三章】大衆文化交流の人々

1 「共同体意識を作っていくことが韓流(Hallyu)です」

キャスター・女優　朴正淑《パクジョンスク》さん

◆「放送人」という職業

テレビで見慣れた有名人から突然話しかけられたら誰しも驚くだろう。数年前、ソウルの会議で日韓の大衆文化交流に関する研究発表をした際、韓国のテレビでよく見慣れたキャスターから名刺を差し出されて、驚いたことがある。聴衆の一人として筆者の報告を聞いていたとのことだった。それが、朴正淑《パクジョンスク》さんだった。これがきっかけで知り合いになった。韓国の新聞などは、彼女の肩書を「放送人」と書く。日本語では聞き慣れない職名だが、要するにキャスターである。筆者が韓国に住んでいた一九九四年に朝のワイド番組に新人の司会者として登場し、さまざまな番組やCMで活躍し始めた。二〇〇三年に韓国で放映されたMBC（韓国文化放送）のドラマ「宮廷女官チヤングムの誓い」では、文定皇后役として出演し、女優業にも挑戦した。

朴正淑さんは二〇〇六年夏から米国に滞在している。コロンビア大学で国際関係論とコミュニケーション論に関して研究中だ。実は、以前より「放送人」のかたわらで、韓国でも延世《ヨンセ》大学（修士課程）と高麗《コリョ》大学（博士課程）の大学院でも研究を続けてきたのだから、いわゆる箔《はく》を付けるための米国留学ではない。

朴正淑さん　1970年生まれ。韓国SBSテレビ「出発！　モーニングワイド」などで人気キャスターとして活躍。2005年からは慶應義塾大学客員研究員を経て、米コロンビア大学大学院で研究生活

朴正淑さんを米国から静岡に招いたことがある。「韓流現象をどうとらえるべきか」（現代韓国朝鮮学会主催、静岡県立大学現代韓国朝鮮センター共催、朝日新聞社後援）という学術シンポジウムを筆者がコーディネートした時、パネラーとして彼女に出席してもらった。その際、筆者の研究室でいろいろと聞いてみた。

◆「女優になりたいと思ったことは一度もなかった」

——テレビのキャスターとしては、朝のワイド番組の司会役が多かったですよね。女優業と比べる

と、大変だったことは何ですか。

平日の朝六時から始まる番組だったので、常に「朝の顔」であることを意識しなければなりませんでした。つまり「フレッシュな顔」を求められるわけです。ですから、夕食時間以降、夜の日常活動は自制しなければならない毎日でした。

――そこへ「チャングム」で皇后役の女優として出演してくれという話がきた時はどういう気持ちでしたか。

女優になりたいと思ったことは一度もありませんでした。このドラマが始まった頃、私自身も視聴者の一人として楽しんで見ていたのです。ところがある日、突然、王妃の役になってくれというオファーがあり、ただただ驚きました。

――このドラマは韓国での最高視聴率が六〇パーセントを超えました。日本や中国でも大人気で、とても反響が大きかったわけですが、これをどう受け止めましたか。

大人気だという話を耳にしたとき、大変に驚きました。「まさか」とも思いました。このドラマの撮影が終わった直後、私は米国へ行ったのですが、日本や中国にいる人々だけでなく、米国に住んでいるアジア系の人々が喜んでいるのを見て、とてもうれしかったですね。またこうした文化交流が続いていくことが大切だと思いました。

――この人気はなぜなのでしょうか。どう分析されますか。

二一世紀という時代に合ったドラマだったからだと思います。「3F」(female＝女性、fiction＝創造性、feeling＝感性）がキーワードといわれるのが二一世紀です。女性の活発な役割が期待されるなか、主人公のチャングムら女性が活躍する姿に、多くのアジア人が熱狂したということではないでしょうか。

◆同じ文化を楽しむことで共同体意識を持つことが可能な時代

――キャスターとしても、女優しても活躍が絶頂だった時に、なぜ米国で勉強することにしたのですか。

朝の番組のキャスターを一〇年くらいやったわけですが、放送というものを自分の真の「専門分野」にしたいと思うようになりました。そうしてこそ、正確に報道も伝えられる。また「世界標準」を考えなければなりません。私は韓国だけにずっと住んできたので、これではいけないと思いました。もっと視野を広げる必要もあって、米国での勉強を決意しました。渡米の直前までは、八か月ほど東京の慶應義塾大学でも研究生活を送りました。

――アジア地域の安定や平和にとって、韓流（한류《ハリュウ》）の広がりがもたらす影響は大きいと、たびたび発言されていますよね。

はい。韓流というものは韓国のドラマをアジアの人々が共有しながら楽しむことだと思われています。もちろんそうなのですが、アジア人同士が同じドラマ、同じ音楽、同じ映画を見ながら、共同体意識を作っていくことが韓流ではないかと。この場合、韓国の大衆文化の流れでなくても良いのです。中国ドラマであれ、日本の音楽やおまつり文化であれ、お互いが共有できるのであれば、もっと世界はお互いが近づくのではないでしょうか。こうしたアジア人同士の大衆文化交流を「韓流」(Hallyu)と呼ぼうではないかと、私は提唱しています。

——これまでの時代と、どう異なると見ればよいと思いますか。

二〇世紀は軍事力が中心の時代であり、東西の対立もありました。冷戦時代が終わったのですから、同じ文化を楽しむことによって共同体意識を持つことが可能なのではないでしょうか。そこから友達意識が生まれるような時代なのです。しかもインターネットの発達で、日本で韓国のドラマを見たいと思えば、オンラインで視聴が可能です。同じく韓国で日本のバラエティー番組をネット上で簡単に見ることもできます。そういう時代なのです。

◆「感情」が招く紛争

——二〇〇五年から〇六年にかけては慶應義塾大学で研究生活を送られましたよね。日本に対する認識は変わりましたか。

韓国で教科書などを通じて知った日本と、実際に見聞した日本ではかなり異なると思いました。

日本は過去の日本とは変わりましたし、若者の意識も変化が激しいです。それを多くの韓国人が知らないのは、それだけ交流が少なかったからではないでしょうか。だからこそ、交流が必要なのです。

——政治と文化交流の関係をどう思われますか。

「文化政策」ということばがあります。このことばには、政府が文化を「利用」するという側面も帯びています。でも、「利用してはダメだ」という気持ちが私にはあります。韓流も韓国政府がこれを政策的に後押しした面がありますが、もうその時代は終わったと私には思えます。文化は「利用」するものではなく、「楽しむ」ものであるべきなのです。

——日韓間の交流が他の二国間交流と異なる点は何だと思いますか。

たとえば、「反日」は「政策」で発生しているというよりは、「感情」による問題です。一九六五年の国交正常化によって解決されるべきだったのでしょうが、「感情」ですから残っているわけです。米政治学者のサミュエル・ハンチントンは、「文明の衝突」ということばを用いて、冷戦後の現代世界では「文明と他の文明の衝突」が対立の主要な軸であると言いましたが、私はむしろ同じ文明の域内や似た文化の域内での衝突のほうがもっと紛争になりやすいと考えます。同じ文明の域内だから、文化が類似しているからこそ、「チャングム」が日本や中国でも大ヒットしたわけですが、一度悪化すると大変に感情的になってしまう構造もあるのです。こうした感情を解くのは交流しかありません。韓日関係におけるキーポイントであるともいえます。

◆外国語の習得は「必要」よりも「関心」が重要

――朴正淑さんは英語も日本語もお話しになる。外国語学習で大切なことはなんでしょうか。

外国語学習は「関心」が最も重要な要素だと思います。そのことばが話されている国や地域に対する関心ですね。しゃべれなければならないという「必要」に迫られての外国語習得は限界があると考えます。「関心」があれば単語ひとつを覚えるのにも記憶しやすい。いま米国にいて思うのですが、関心がある分野のことばはよく覚えますし、英語のある言い回しに接して覚えやすいのは「ああ、ここの人たちはこうやって表現するのか」という関心からです。また、異国の人との接触において、「通訳」よりも「同感」が重要だというのと同じですね。私は米政治学者ジョセフ・ナイが使う「ソフトパワー」(軍事などの力でない、文化などによる影響力)という考えが好きですが、ハードパワーによる強制よりも「関心」によって自然と慣れるのが最も良い習得方法だと思います。

――日本も韓国も同じ漢字文化圏ですが。

ヨーロッパへ行くと隣国のことばを話せる人が実に多いですね。ところが、実際は漢字の音や語順で類似性があるにもかかわらず、北東アジアの人々は自国のことばしか話せないケースがほとんどです。以前、韓日中三か国のシンポジウムに出たことがありますが、英語での議論となりました。どの当事国のことばでもない英語を使うのはなんとなくおかしな感じがしました。その意味で、私も日本語の勉強に努力したい。日本の皆さんも韓国語を勉強され、両国の多くの人が相手国のことばも使って意思疎通できればよいですね。

（インタビューは二〇〇六年一一月）

＊＊＊

「宮廷女官チャングムの誓い」の文定皇后は、主人公チャングムの良き理解者である。それは役柄が聡明な王妃だからなのだが、皇后を見事に演じきった朴正淑さん本人も大変に聡明な人だ。二〇代前半で人気キャスターになり、三〇代になって初挑戦した女優業も「チャングム」のヒットで大成功となったわけだが、有名人気取りのところがない。だから気軽に話せる友人になった。さばさばしていて、裏表がこれほどない人も珍しいのではないか。こんな人が日本の良き理解者でもあるのはありがたいことだ。キャスター、女優業の成功に続き、研究者としても活発に活動している。

米国での研究活動における朴正淑さんの発言は、たびたび韓国メディアが報道している。ワシントンDCからほど近い名門校ジョンズ・ホプキンス大学で朴正淑さんが発表した模様を、韓国の通信社・聯合ニュース（二〇〇八年五月一五日配信）が報じていた。

「韓流は、戦争と植民地支配などで決して平安でなかったアジア諸国間の、不幸な歴史で生じた相互不信と憎悪を乗り越える橋渡しの役割をしている。たとえば、ベトナム戦争で米軍支援のために参戦した韓国のイメージは無慈悲だったが、韓流熱風（韓流に対する熱狂的なブーム）がベトナムで吹いてからは韓国のイメージが肯定的な姿に変化した」

発表ではこのように熱く語ったという。相変わらず活発である。

以前、ソウルでの会議で会ったベトナム人が以下のように言うのを聞いたことがある。

「ベトナムの韓流熱風はすごいです。韓国ドラマがベトナムのテレビで放映されてから、それまでの『恐い』から『カッコいい』というイメージに変わりました」

ダン・ティエウ・ガンさんという、ハノイ国立大学の大学院生（博士課程）だった。「恐い」とは、六〇～七〇年代にかけて韓国が米軍支援で延べ三〇万人以上の兵力を南ベトナムへ送ったことからくるものだ。ベトナム人が持つ韓国への感情は複雑な時代が長く続いた。

ベトナム戦争は一九七五年に終わったが、ダン・ティエウ・ガンさんはちょうどこの年に生まれた。したがって、この戦争を知らない世代である。そして、九三年にハノイ国立大学に入学し、学部時代から韓国文化を専攻したそうだ。韓国語が堪能である。「私より前の世代で韓国の言葉ができる人は平壌《ピョンヤン》で学んだケースが多かったですが、私はソウルにも留学しました」とも言っていた。

ベトナムにおける北と南に対する距離感も変わった。韓流の影響も少なくないだろう。

2　韓国から見た「韓流」の意味

韓国放送映像産業振興院研究員　金泳徳《キムヨンドク》さん
韓国文化観光政策研究院責任研究員　蔡芝栄《チェジヨン》さん
iMBC社長　河東瑾《ハトングン》さん

◆日本で「冬ソナ」がヒットした理由

韓国の研究者や放送局の関係者は、日本の韓流現象をどう思っているだろうか。三人の識者にソウルで話を聞いてみた。いずれも、日本でも生活体験のある人々である。

「日本で『冬のソナタ』がヒットしたのは、次の四つくらいの理由があると思います」と、理路整然と説明するのは、韓国放送映像産業振興院で研究員を務める金泳徳《キムヨンドク》さん（一九六四年生まれ）である。上智大学大学院で新聞学を専攻したたいへんな日本通で、日本が研究対象だ。

①中高年齢層が共感できるドラマが少ない日本の「すき間」を掘り起こした。

②主演俳優の演技、台詞などドラマそのものに魅力があった。

③ＮＨＫという有力媒体が放映した。
④日本の長期不況でノスタルジアを求めた人が多かった。
具体的に、こうした点を挙げた。
一方、中国や台湾での韓流は、次の三点が大きいという。
①「日本は西洋化し過ぎているが韓国はわれわれに近い」という意識がある。
②ドラマの主演俳優など韓国スターは日本のスターよりも積極的に、かつ親しみやすくプロモーションをした。
③家族間や世代間の葛藤がドラマの主題に入っている。
金泳徳さんが示してくれた同振興院と文化観光部のデータ（いずれも金額ベース）によれば、韓国が外国から買うテレビ番組（輸入）よりも、外国へ売るテレビ番組（輸出）が、二〇〇二年に初めて多くなった。続く〇三年は前年比四六・二パーセント増の約四二一四万ドルにも達した。その後も増え続け、〇七年には一億六二五八万ドルと史上最高を更新している。

ジャンル別では、ドラマが輸出の主力で〇三年八五・七パーセント、〇七年九〇・二パーセントと不動の位置を占める。輸出先は、日本（五六七四万ドル、五五・二パーセント）、台湾（一七六〇万ドル、一七・一パーセント）、中国（七七八万ドル、七・六パーセント）で、全体の八割にも達している。

日韓間では、年によってどちらかが入超になったり、出超になったりと、大差がなかったが、〇二年以降は韓国側の出超が続いている。〇七年は韓国から日本へが五六七四万ドル、日本から韓国へが五五七万ドルと、その差は一〇倍に及んだ（差額の史上最高は二〇〇五年で五九五七万ドル）。

「日本における韓流現象は、『冬のソナタ』のブーム以前にその土台があったと見るべきでしょう。W杯共催がその契機になったといえます」と、金泳徳さんは説明する。

W杯共催の意義に関しては、筆者も同じ考えだ。〇二年にW杯があり、日韓国民交流年だったからこそ、NHKも「冬ソナ」放映に踏み切ったのではないかと思う。

◆波及効果が大きい文化産業

次に話を聞いたのは、韓国文化観光政策研究院の責任研究員である蔡芝栄《チェジヨン》さん（一九六六年生まれ）である。

「私の研究テーマの一つは、日本における韓国大衆文化の流通についてです」

こう説明する彼女は、米国留学経験のほか、東京大学の研究員として一年間の滞日経験もある。

「韓国大衆文化が、ここまでうまく海外で展開するとは、ドラマなどを製作・輸出する会社も思っていなかったでしょう。民間が良いものを作ったから海外でも売れた。そして、官の側もこれを契機に何かをしなければという思いがあります」

同研究院は、文化体育観光部の傘下機関なので、官民双方の事情に明るい。

「あるドラマを輸出したからといって、その輸出額が莫大というわけではありません。でも、文化産業は裾野が広いですね。たとえば、『冬ソナ』がヒットすれば、日本から韓国への旅行者が増える。つまり観光産業への波及効果がある。また、国家イメージへも肯定的な影響があり得ます」

「ヨン様」が中高年女性の韓国イメージを大きく変えたであろうことは想像がつく。これまで、世論調査をすれば「韓国へ親しみを感じない」と答える核心層が、この層だったことを考えると、たしかに文化産業の成功は国家イメージ向上にも直結する。

同時に、蔡芝栄さんは次のような指摘もしてくれた。

「たとえばドラマの場合、韓国国内でそれほど評価されていない作品まで、〝韓国ドラマ〟という理由だけで輸出される。それを見た日本の視聴者が『つまらない』と失望しないか。そんな可能性は憂慮されますね」

◆映画・ドラマの次は何が韓流の柱になるか

実際に韓流コンテンツを海外に流す立場の人にも話を聞いた。ｉＭＢＣ社長の河東瑾《ハトングン》さん（一九五六年生まれ）である。ｉＭＢＣは、韓国三大放送局のひとつＭＢＣ傘下のインターネット会社で、ＭＢＣが製作・放映したデジタルコンテンツを国内と海外へオンラインを通じて販売する業務などを行っている。河東瑾さんはＭＢＣ東京特派員も歴任した。

「韓流の成功は、政府の政策もプラスに働いたが、民間業者の活力が大きく貢献したと思います。たとえば、ＭＢＣは早くから中国にドラマの売り込みを始めています。日本ドラマの価格が高く、著作権が複雑な点も、韓国ドラマには有利でした」

河東瑾さんは日本を「美食家の文化」と言う。グルメのように、いろいろな国の文化を味わって楽しむという意味だ。韓国ドラマも「美食家」に受け入れられる状況になったと見ると言う。ただ、

金泳徳さん
蔡芝栄さん
河東瑾さん

そうなったことで心配なことが二点あるそうだ。

「一つはドラマのプロデューサー側の一部に、最初から日本向けを意識してドラマを作る傾向が出るのではないかという点。もう一つは、文化交流からあまりにも乖離して、おカネ儲けという面だけで韓流をとらえる傾向が出るのではないかという点です」

この話は〇四年一〇月に聞いたのだが、河東瑾さんは日本における韓流の展開を次のように期待していた。

「映画、ドラマの次には、何が韓流の柱になるのか。これには関心を払っています。MBCが製作し、韓国で大ヒットした『宮廷女官チャングムの誓い』が、NHK―BS2で放映されています。この時代劇が日本でも当たれば、韓流にさらに弾みがつきます」

河東瑾さんの期待通り、日本でも『宮廷女官チャングムの誓い』は大ヒットした。

二〇〇八年六月に河東瑾さんと会った際、そのあたりのことをもう一度、聞いてみた。

「『ホテリアー』もそうですが、営業面でも成功でした。ただ、日本でのビジネスを意識するあまり、あらかじめ日本人好みのドラマを作ろうとするきらいも見えました。俳優の出演料など制作費の上昇ももたらしました。それでも、韓国ドラマは制作能力が上がっています。内容もおもしろくなっていますね」

（基本取材は二〇〇四年一〇月と二〇〇八年六月）

＊＊＊

ブームはいつかブームでなくなる。日本では、「韓流ブーム」や「ヨン様ブーム」も、もはやブームではなかろう。ただ、日本における「韓流」はエンターテイメントの有力なジャンルとして固まったと言ってよい。それは韓国の大衆文化が、日本の大衆文化にはない側面を補完しているからであろう。たとえば、韓国ドラマはリアリティーよりも喜怒哀楽を重視しているから、「こんなことはあり得ない！」という場面が必ずしも多くない日本のドラマにないおもしろさがある。また、河東瑾さんが言っているように、韓国ドラマが日本に進出するようになったからこそ、制作能力向上という効果をもたらした。

相互補完と相乗効果は、国際交流の意義でもある。

3 下関発のスローシネマ『チルソクの夏』

プロデューサー 臼井《うすい》正明《まさあき》さん

◆辣腕編集者をも泣かせた感動作

「誰にでも、忘れられない恋がある。チルソクの夏」——二〇〇四年の春頃、新聞の映画広告欄を観ていたら、こんな文句が大文字で書いてあった。その広告を追っていくと、小さい文字で「七夕（チルソク）」と書いてある。「チルソク」とは耳慣れないが、「七夕」の韓国語読みである。でも韓国映画ではなさそうだ。監督も、役者も日本人の名前ばかりだ。

さらに、その広告には「**一時間五四分、ずっと泣いていた。五三年間生きてきて、こんなに感動した映画は初めてだ**」という、幻冬舎社長である見城徹さんのコメントも書いてある。見城さんといえば、筆者が住んでいる静岡・清水出身で、妥協のない言動で知られる辣腕編集者だ。この人がここまで評価する映画とはどんなものなのだろう。とても興味を持った。

そんな関心から、その後すぐにこの映画『チルソクの夏』を東京・上野の映画館で観てみた。のちに『半落ち』でも評価された佐々部清監督の作品だ。内容は次のようなものである。

一九七七年から七八年にかけての山口県下関市が主な舞台だ。姉妹都市である釜山《プサン》との親善陸上競技大会のため、仲良し女子高校生である郁子（水谷妃里）、真理（上野樹里）、巴（桂亜沙美）、玲子（三村恭代）の四人が、関釜フェリーに乗って対岸の釜山を訪れるところから始まる。郁子が

[映画のチラシ] 左から、上野樹里（真理役）、水谷妃里（郁子役）、三村恭代（玲子役）、桂亜沙美（巴役）。おのおの CM・ドラマ・舞台など各方面で活躍中。撮影時は全員現役高校生だった

同じ高跳び競技の韓国側男子高校生・安大豪《アンデホ》と知り合う。ふたりは淡い恋心を抱きあい、翌年の七夕に再会することを約束する。その後の手紙のやりとり、家庭環境の違いに日韓の歴史的関係も絡んだふたりの家庭の葛藤、郁子の初恋を成就させようとする真理、巴、玲子の友情などの話が続く。

日韓の高校生カップルとその周辺を描いた、たわいない純愛モノと言ってしまえばそれまでなのだが、妙に心にしみ入る映画なのだ。出版界で「ベストセラーの神様」と呼ばれる見城さんが「この奇蹟の映画を、ただただ観てほしい」と言うのが理解できる。

◆「答えは映画の中で」という韓国映画人に感銘

派手さはないが、何とも気になるこの映画が作られた背景などはどうだったのか。作品の企画から完成までの一切を統轄したプロデューサーの臼井正明さんを六本木の事務所に訪ねてみた。臼井さんは言う。

「佐々部監督が温めていた脚本を読んだ瞬間から、どうしても製作したいと思いました。実話ではありませんが、監督の妹さんが、当時この競技大会に出て韓国選手と文通を始めたら、お父さんが怒鳴ったといったような記憶や、監督の故郷である下関に残る昔ながらの街並みなどが発想にはあったようです」

映画では郁子の父親が、「お前、朝鮮人と付き合うとるらしいのぉ」と大声を出すシーンがある。

「記憶」とは、このことを言っているのだろう。映画初出演とは思えない歌手山本譲二さん（下関出身）が、父親役として迫真の演技を見せるなかでのセリフだ。「息子のお前が日本人と付き合うなんて……」という韓国側男子高校生の母の発言を含め、「日韓親善」という表面の歴史だけでなく、日韓両国国民のお互いの偏見も率直に描いているところがこの映画の良さでもある。

臼井正明さん。1965年、茨城県生まれ。早稲田大学卒業後、映画製作会社に勤務して独立、（株）シネムーブ代表。自宅近くの韓国料理店へもよく行くという。

そんな日韓関係の描写があるだけに、臼井さんは韓国とかかわりが長いのかといえばそうではない。意外にも、**「日本映画製作者協会（日映協）の会員として韓国映画関係者と交流するために訪韓した二〇〇一年四月から」**と言うから、この映画の全国公開三年前でけっして長くない。これまでインドなど他のアジアへは行ったことがあったが、**「初めての韓国で自分のルーツはここではないか」**と思うくらい、思想や文化に親近感を持つことが多かったという。

「全州《チョンジュ》へ行った時のことでした。当時、歴史教科書問題や小泉首相の靖国神社参拝をめぐって日韓間がギクシ

ャクしていたので、地元の記者からは『これらの問題をどう思うか』と矢継ぎ早に質問を受けました。すると、韓国側の映画関係者から『ちょっと待ってほしい。われわれは映画人だ。その質問の答えがあるとするなら、それは今後われわれが作る映画の中で提示する』と発言し、その言葉にとても感銘を受けました。この人たちとは、ある共通認識のもとにいろいろと手を組んでやっていけると思いました」

臼井さんは「世界マーケットを念頭に置いて作っている点が韓国映画のすごさ」とも言う。ご自身がプロデュースする作品は「せめてアジア市場」を考えているそうで、『チルソクの夏』は脚本の韓国語字幕も用意され、韓国でも上映された。

◆地方発「街おこし」映画の成功

私事で恐縮だが、筆者が高校に入学したのは一九七八年である。ちょうどこの映画で設定された時代と同じなので、さまざまな個人的な思い出が頭をよぎる。そんな思いを強くするのは、当時の流行歌の数々が映画のなかでさりげなく流れているからだ。一九七五年にリリースされた「なごり雪」もそのひとつだが、その歌い手・イルカさんが二〇〇二年バージョンと韓国語バージョンをこの映画の主題歌として披露し、劇中のワンシーンで高校教師役として出演しているのもおもしろい。

異色の出演者といえば、二六年後の女子高校生の一人（真理役）としてマラソンランナーの谷川真理さん、下関市長役として現職市長の江島潔さんなども俳優顔負けの演技をしている。臼井さんは次のように言う。

「市長をはじめとする官の協力も熱心でしたが、一般の市民のこの映画への声援にも敬服しました。二〇〇三年夏に先行上映した下関（人口二五万人）では一〇人に一人が観た計算になり、山口・九州地区（六か所）で五万人です」

日韓を扱った映画が、「街おこし」の原動力になったというわけだ。下関でのこの映画への応援の模様は、民放テレビのワイドショーで全国に紹介されたこともある。二〇〇三年の地元での成功によって、〇四年四月から首都圏を皮切りに、全国でロードショーされた。熱狂的なファンが生まれ、反響を呼び、全国主要都市で上映され続けた。「映画『チルソクの夏』下関応援公式サイト」（http://chirusoku.navitown.com/）を覗くと、同じ地域の人たちが、この映画をいかに支持しているか、また、この映画を他の地方へいかに広げたのかが、よくわかる。毎年七月七日に監督や出演者が参加する「七夕上映会」が下関で開催されているが、この映画を愛する地元ファン層が厚い証拠であろう。

臼井さんは次の映画も佐々部監督と組んで、『カーテンコール』（伊藤歩、藤井隆、鶴田真由、奥貫薫など出演）を完成させた。

「再び下関と今度は済州島を舞台にした映画です。昭和三〇～四〇年代に実在した幕間芸人（映

画と映画の間に手品や歌を披露する芸人）を描きました。これも日韓関係や家族愛を描いています。『チルソクの夏』と同じく、心に潤いと癒しを与えるライフスタイルの〝スローライフ〟のように、〝スローシネマ〟を目指しました」

◆ハコモノ建設よりスローシネマ

「カーテンコール」は〇五年一一月に封切りされたが、臼井さんに頼んで、前年夏にこの映画のロケを下関と北九州で見せてもらった。そこで出会った水津勉さん（五六）は、「**休日に撮影現場を見学させてもらうのが、一番のストレス解消ですね**」と言っていた。水津さんは、下関で老舗の菓子舗を経営しているが、週末この映画のロケに奥さんと足を運んだという。佐々部監督作品の熱烈なファンで、実は同監督の作品にも顔を出している。

下関市役所のフィルム・コミッション担当者にも官としてのロケ協力の話を聞いたが、製作段階からの市民参加が両映画の特徴だ。街の知名度上昇だけでなく、水津さんのように市民が元気になるのだから、『チルソクの夏』であれ、『カーテンコール』であれ、地方発のスローシネマ作りは、ハコモノ建設より良いと思う。地方の一つのあり方ではないだろうか。

しかも、『チルソクの夏』の場合、韓国でも少なくない反響を呼んでいる。韓国のインターネット検索エンジンで調べると、この映画の評価は総じて高い。たとえば、「何かを感じる良い映画」

「泣いてしまった」という映画評が目立つ。なかには、「二〇回くらい見ちゃった」という評もあった。ＤＶＤで鑑賞しているのだろう。地方発のスローシネマが国際交流に役立っている。

『チルソクの夏』のラストは、二六年後の下関の陸上競技場が舞台で、高樹澪演じる四〇代となった郁子はじめ仲良し四人組が出てくる。このシーンを観てふと思ったのは、「ヨン様」に熱烈な声援を送る世代層とダブることだ。郁子が韓国人男子生徒との交際を反対されたような七〇年代の風潮と、その頃が思春期ともいえる日本女性の多くが韓国人男優に「ヨン様」と叫ぶことが社会現象にもなった昨今とでは隔世の感がある。少なくとも、三〇年ほど前、いやちょっと前までも「冬ソナ」ブームが起こるなんて想像もできなかった。日韓関係は変わっていないようでいて、変わっているのである。

（基本取材は二〇〇四年四月と八月）

4 漫画「プルンギル」の歴史的実験

編集者　鳥飼拓志《とりがいたくし》さん

◆「鉄腕アトムが日本モノだと知って裏切られた思い」

「私は小さい頃、『マジンガーZ』が好きでした。『アトム』とか、『銀河鉄道999』とか、全部韓国で作られたと思っていました。日本モノだということを後で知って、裏切られたと思いました。韓国人が作ったと思っていたのに、なんで日本モノなんだと思いました」

韓国で社会意識の調査（二〇〇二年）をしていたら、三〇代の男性がこう言っていたことがあった。日本のマンガやアニメをめぐって、「裏切られた」といった心情の吐露はよく聞く話である。

韓国での漫画出版を手がける鶴山《ハクサン》文化社の黄卿泰《ファンギョンテ》社長は、「日本漫画開放による韓国人の認識変化―現場体験を中心に―」という文章の中で、一九七〇年代の子供たちの情景を次のように書いている。

「村に一、二台しかなかった白黒テレビのなかでは『アトム』が空を飛び、『黄金バット』がマントを風になびかせながら大笑いし、『妖怪人間』が人間になりたいと泣いていました。正直、子供たちは『アトム』や『黄金バット』が日本の漫画であるという事実も知らずに、米国の子供たちが『スーパーマン』をヒーローだと思うように、『アトム』のことを、ヒーローとして胸に刻みながら成長していったものです」

『あしたのジョー』や『巨人の星』は韓国人作家に名前を変えられて出版されたそうだ。「日本モノだということを後で知って、裏切られた」という心情は理解できる。

なお、日本の漫画の韓国語訳版の出版、日本のテレビアニメの韓国語吹き替えによる放映には、制度的な規制は以前からなかった。したがって、日本大衆文化の段階的開放（一九九八年）の以前から、日本の漫画とアニメに、そのオリジナルが日本であることを知っているかどうかは別にして、韓国の子供や若者は親しんできたわけだ。

◆日韓同時連載の漫画を手がける

ところで、七〇年代のソウルで、異なった心境で現地の言葉に吹き替えられた日本のテレビアニメを見ていた子供もいた。日本人駐在員の子女である。一九六五年に日韓両国は国交を正常化させ、経済関係が緊密になりはじめた。商社などの日本人駐在員とその家族が増えはじめ、一九七二年五月にはソウル日本人学校も開校された。

ソウル日本人学校の第一期生であった鳥飼拓志さんと会う機会があった。一九六五年生まれの鳥飼さんは、七〇年から七三年までソウルで暮らし、『タイガーマスク』や『黄金バット』のテレビアニメを日本語ではなく、韓国のテレビによる吹き替えで見たそうだ。当時に関して、鳥飼さんは次のように振り返っていた。

鳥飼拓志さん

「当時の週末の楽しみは、商社マンの父に連れられて、ソウルの繁華街・明洞《ミョンドン》にある日本書籍専門の本屋で日本漫画の単行本を買ってもらうことでした」

大人になってからの鳥飼さんの職業は編集者である。新潮社に入った後に独立し、筆者が会った時は、週刊漫画雑誌の、しかも史上初の日韓同時連載を手がけていた。子供時代のソウルでの体験と夢が同時に生かせているようでもあった。

日韓同時連載とは具体的に何か。鳥飼さんが副編集長を務めていた『週刊コミックバンチ』（編集：コアミックス、発売・発行：新潮社）と、先に紹介した黄卿泰社長の鶴山文化社が編集・発行

（月二回）の『ブッキング』に、「プルンギル—青の道—」という作品の連載を行った。しかも、原作は日本人、作画は韓国人という分担で作る日韓共同制作でもある。

この企画は鳥飼さんのほうから、韓国側へ提案した。ストーリーは複数の殺人事件に端を発し、日韓の両刑事が登場するものだが、日本と朝鮮半島の過去の愛憎史もふんだんに描かれた。その企画理由を鳥飼さんは次のように説明してくれた。

「**日韓どちらか一方から発信するのではなく、両国に向け、両国から何かを発信しようというコンセプトで、当初コードネームを『プロジェクトＵＲＩ』と言っていました。カッコいいでしょ？**」

どういう手順で日韓共同制作による同時連載が行われたのか。日本の原作者・江戸川啓視さんの日本語シナリオを順次ハングルに訳し、日韓の編集担当者が通訳も交えながら電話で読み合わせをする。韓国側の漫画家さんが作画する参考のために、写真や資料を収集して日本側から送る。

たとえば、鳥飼さんは「**使い捨てライターひとつにしても、日韓に微妙に違いがあります**」と言い、「**パトカー、警察手帳、手錠に拳銃……どれも日本の資料がないと、さすがのクォン先生でも描けないのです。そういえば、先生の描いてきた新幹線車内での椅子の配置が、ソウルの地下鉄とほぼ同じだったので、スタッフで大笑いしたこともあります**」と、この作業の重要性を説明した。

「プルンギル」が掲載されている日韓の週刊漫画雑誌と単行本

◆編集作業で思う日韓文化の違い

韓国側で絵コンテが出来上がると、ソウルから鳥飼さんへファクシミリでそれが届く。フキダシの中にセリフを貼って、江戸川さんの意見を聞きながらコンテの内容を検討して、韓国側に再度細かい意見を送り直して、最終的な原稿が完成する。この過程ではインターネットが大活躍し、「恐らくこのシステムがなければ、週刊連載は不可能だったと言えます。本当にいい時代になりました」と、鳥飼さんは言う。

鳥飼さんに、この作業をしながら感じた日韓の文化的な違いは何かを聞いた。

「一つは、出来上がったコンテを見ると、ちょっとした点に日韓文化の違いが現れることです。例を挙げると、大学教授の服装や態度。日本では文化人の若々しくカジュアルな服装が、文化的な洗練を意味したりしますが、韓国では교수《キョス》님《ニム》（教授様）といえばとても偉い方なので、服装にも威厳があります。ヒゲ生やしていたり」

なるほどである。筆者は大学勤めだが、ノーネクタイで出勤するほうが多い。

「もう一つは、作家と編集者の距離です。編集者が不要と判断したコマを、クォン先生と話し合ってカットしてもらうこともあるのですが、韓国では編集者がそこまで要求しないようです。何しろ韓国では작가《チャッカ》 선생님《ソンセンニム》（作家先生様）ですから、この点では、おそらく日本の編集者のほうが、作家に対してかなり遠慮なく意見を言っているのではないでしょうか」

おもしろい日韓比較である。もっとも、これは韓国での漫画家の地位が高いことを意味するものではない。**「韓国の漫画家は編集者には威厳を示すかもしれないが、漫画家の社会的地位は一般的には日本のほうが高いのではないか」**（漫画家でもある祥明大学映像学部漫画科の高京一《コギョンイル》教授）という声もあるからだ。

〇二年のW杯もそうであったが、日韓の共同作業がいろいろな場面であればよいと思う。鳥飼さんは言わなかったが、韓国側の漫画家に日本の編集者としていろいろ要求した際、当初は行き違いや葛藤もあったはずだ。でも、行き違いがあっても、日韓が双方のやり方の違いを認識したほうが、口で友好を言うよりも理解が深まる。葛藤があっても、より良いものを作るためにベターな手法を取り入れていったほうが、互いの発展になる。

「プルンギル―青の道―」は日韓漫画界の歴史的な実験でもあった。

（基本取材は二〇〇三年二月）

＊＊＊

鳥飼さんは二〇〇八年一月、お亡くなりになった。病魔が襲い、薬石効なく不帰の人となられた。〇八年四月、「最近、鳥飼さんはどうされているのかなあ。メールを出す前に近況をネット上で探っておこう」と、鳥飼さんの名前を検索エンジンにかけた。するとある作家のブログがヒットした。そのタイトルは「ひとりの編集者の死」となっており、ショックを受けた。鳥飼さんがかつて属した新潮社の知人にも確認したところ、この情報は残念ながら間違いないとのことであった。

そのブログによれば、鳥飼さんはとても優秀な成績で新潮社に入った編集者だったという。人間臭く、仕事にも厳しい方だったようだ。『週刊コミックバンチ』誌上での連載は、〇二年春から〇三年夏頃までの約一年余りであった。全五巻の単行本としても新潮社から発売された。日韓の歴史認識や闇世界に関してもテーマにしており、根強いファンがいたようだ。きれいごとでは終わらない両国関係を扱っているためか、ネット上でも結構な話題となった。鳥飼さんの歴史的実験は、その形態も内容も、日韓関係のさまざまな側面を示唆してくれたと言ってよい。

亡くなったことを知ってから、遺族の方（奥様）と電話で話す機会を頂いた。筆者が〇三年にインタビューしたことに、鳥飼さんが触れたことがあったそうだ。七〇年代のソウルを、日本人小学生の目としてどう見たのか、もう少しじっくりお話を聞いてみたかった。合掌。

5「ケンカせずに先祖の文化交流を学んでほしい」

プロレスラー　大木金太郎《おおききんたろう》(金一《キムイル》)さん

◆日韓両国で自国選手として扱われたプロレスのスター

スポーツとはいえ、プロレスは戦後の一時期、日本国民を沸かせた大衆文化の典型である。米国でも韓国でも同様で、どの国でも根強いファンが多い無国籍的なスポーツ文化だと言ってよい。韓国における日本大衆文化の段階的開放措置や、「ヨン様」効果による韓流ブームよりも、ずっと以前から、この分野では日韓両国を股にかけたスターたちが活躍していた。

戦後日本の大衆文化の英雄である力道山（一九二四―六三年）は朝鮮半島出身である。彼が国民を沸かせた五〇年代後半から六〇年代前半当時、朝鮮民族であることを知っていようがいまいが、その活躍が日本社会全体に与えたインパクトは、韓流ブーム時の「ヨン様」以上であったかもしれ

入院中の大木金太郎さんと筆者（1999 年）

ない。

そして、力道山を「先生」と仰ぎ、日韓両国で自国の選手として扱われ、六〇年代から七〇年代にかけて活躍してきたプロレスラーがいる。大木金太郎さんである。韓国では本名である金一《キムイル》をリングネームとしても名乗っていた。

大木金太郎さんは二〇〇六年一〇月二八日、闘病の末、七七歳で亡くなった。日本でも大きく報じられ、多くの日本人と韓国人が現役時代に多くのタイトルを獲得したスターの死を惜しんだ。

筆者は、生前の大木金太郎さんを、入院していたソウル市北部の総合病院の個室に訪ねたことがある。現役時代の無理が影響してか、首と足を傷め祖国で入院生活を送っておられた。筆者は一面識もなかったのだが、お見舞いを兼ねて、日韓交流の先駆者にいろいろと聞きたくなったのだ。

「日本から来ました。小学校時代からのファンなのですが」と韓国語で言って病室に入った。すると、「お入りください。ありがとうございます」と丁寧な日本語でうれしそうに応じてくれたのだ。

「日本にいる大木先生のファンと、日韓交流を大切に思っている人のために、いつか書かせてもらいますよ」と了解を得て、お話の内容を記録にさせてもらっていた。ここに紹介したいと思う。

◆「酒は涙か、溜息か」誕生秘話

——きょうはプロレス以外の話を聞きたいです。昔からの日本と韓国のことをよく知っている人は、大木先生と数名しかいないのです。

日本で年間一六〇試合やりましたから。

——年間一六〇試合もですか。

昔はそんなに試合が多かったです。

——そんな試合の途中、大木先生が日本語で「桔梗」の花の名前をわからないでいたところ、力道山先生がトイレのなかで、韓国語でこの花を意味する「トラジ」だと教えてくれたと。李淳馹《リスンイル》さんの本『もう一人の力道山』（小学館、一九九八年）に書いてありますが、本当ですか。

巡業先の新潟で、皆でいる時に、桔梗の話になったんです。わからないでいたら、先生とトイレで二人きりになった時、「あれはトラジのことだ。お前はトラジも知らんのか」と言われました。

——昨年、韓国の大統領が日本に来ましたよね。ご存じですか。

金大中さん。

――大統領が日本に行って、その後こっちで日本の大衆文化、歌とか映画とかを、韓国でも段階的に認めるということになったのですが、どう思いますか。

古賀政男先生を知っていますか。

――はい。

古賀政男先生が経営者の頃、日本プロレスの会長と一緒に六本木で食事をしました。ソウルへ行くって言ったら、古賀政男先生が「大木君、今度韓国行く時に菊正宗（お酒）を一本、張基栄《チャンギヨン》さんに渡しなさい」と。張さんは、韓国日報の初代社長で、あの頃、副総理だったんです。「はい、わかりました」と重いのをぶら下げて、届けました。

――どういう関係だったのでしょうか。

ソウルにあった善隣商業学校の（張基栄さんが古賀先生の）後輩だったと言っていました。それでいろいろ話聞きましたけど、戦前、仁川《インチョン》で暮らしたらしいですよ、古賀政男先生は。仁川で育って、それから善隣商業学校に行ったと。ソウルで働いたらしいです。昔、車がない時に、ソウル駅から荷物を運ぶ仕事です。その際に、チゲっていうのをわかりますか。

――わかります。背負子《しょいこ》ですね。

チゲを背負って荷物をソウル駅から運んでいって、その仕事が終わったら、一杯飲むのがマッコりと。マッコリを飲んでね、いい気持ちになって、チゲ担いでね、フラフラ歩くのを見てね、「酒は涙か、溜息か」というのを思い出してね、先生が作ったのが「酒は涙か、溜息か」だという話を聞きましたよ。

——そうすると今回、日本大衆文化を開放するといっても、昔からつながりがあったと。

昔からずっとあるんじゃないですかね。演歌とか、こっちの歌と。

現役時代の大木金太郎さん
（写真提供：中日新聞社）

◆朴正熙《パクチョンヒ》大統領夫人が「あっ、大木金太郎」

——当時日本で大木金太郎が活躍していたことは、韓国でも知られていましたか。

朴正熙大統領も（自分の活躍を知っていて私は）びっくりしましたよ。ソウルで試合が終わったら、食事に呼ばれたことがありますよ。亡くなった大統領の奥さん、陸英修《ユックヨンス》さん。「あっ、大木金太郎」って言ったから、びっくりした（笑）。

――金一ではなくて、大木金太郎と言ったのですか。

ええ。どうして知ったのかとびっくりしたら、日本語がわかるから、ビデオを録《と》って見ていらっしゃったらしいですね。

――日本でやっていたプロレスのビデオを録ったのですね。

（大統領夫妻は）プロレスが好きでね。それで、日本のテレビで言うじゃないですか「金一こと、大木金太郎」って。びっくりしましたよ、最初の頃、本当に。それはもう昔も昔、一九六五年の頃。

――朴大統領に呼ばれたというのは、ソウルにいた時ですか。

日本で試合終わったら、スケジュールを組んでソウルへ来て、試合してからまた日本に来て。

――ソウルでの試合では、その時、金一という名前で。

それはそうだよ、もちろん。国に帰って来たんだから。（朴大統領は）食事とかする時間も、テレビが終わらないと食事しなかったというくらいだから。熱烈なファンだったんですよ。

――それを陸女史もちゃんと見ていて、その時でも陸女史は日本語で「大木金太郎だ」って言ったわけでしょ。

日本のテレビをビデオ録って見たところで、「大木金太郎」という名前が出たから、それを覚えていらっしゃって。自分が行ったら、「大木金太郎」って言ったから、もうびっくりして。腰が抜

けると思いましたよ。

——韓国語で話しているのだけど、そこだけ「大木金太郎」って言ったということなんですか。

ええ。力道山先生がリングネームとして付けてくれた名前ですから。

——そうですか。じゃあ、朴大統領は韓国のテレビだけじゃなくて、日本で録画したようなものも誰かが持ってきて、ちゃんと全部見ていたということなんですね。

そうですね。もう熱烈なファンですから。

——今も日本の文化は開放されていないですよね。完全には。でも、みんなさまざまな日本のビデオをたくさん見ていますよね。だから、当時の朴大統領も同じことをやっていたということですね。

朴大統領も戦前の日本の士官学校出ている。いつか、昔の朝日新聞に載っていましたけど。ただ当時は徴兵制だったんですけど、朴大統領は将校だったと。朴大統領もものすごい。昔の士官学校だったらすごく勉強しないと行けなかったんですよ。

——日本では、大木金太郎が韓国で活躍しているって、みんな知っているわけですよね。金一の名でやっていて。それで、日本でも大木金太郎は、本当は韓国の選手だって知られていたのですか。日本人は知っていましたか。

わかるよ、それは新聞で。最初は知らなかったんじゃないの。

——僕の記憶で言うと、一九七〇年とか七一年にけっこう活躍されていましたよね、日本で。『タイガーマスク』の漫画とかにもテレビの漫画にも出てくるのは知っていますか。『タイガーマスク』という漫画を知っていますよね。あのプロレスの漫画があるんですけど、テレビの。そこには、ジャイアント馬場とアントニオ猪木と大木先生がアニメーションの漫画で出てくるんですよ。

そうですか。ははは。

――それを見て、「あれ」と思って。うわさで「大木金太郎は韓国人の選手らしいぞ」と誰か小学生の時に友達が言って、「ああ、そうなのかな」と思って。そういう会話をしました。頭突きがすごく強いということが有名だった。

話は違うんですけど、静岡の野球の選手で、ニウラさんいたでしょう？　ニウラって、巨人にいた。あれは巨人を辞めて、ここの三星ライオンズにいたことがあるんですよ。

――そうですね。新浦壽夫《にうらひさお》選手。韓国では金日融《キムイルユン》選手。

三星にいたころ、会ったことがあるんですよ。列車で一緒になってね。いつも孤独、なぜか一人ぼっちで座っていてね。食事を一緒にしたことがあったんですけど。日本じゃないところに来て、苦しいんだなって思いましてね。今、どこにいるんですか。

――野球解説をされています。それからあの人は病気しましたよ。重い糖尿病。ところがそれを克服したんですよ。

偉いなあ。

——克服したので、患者のためにいろいろ話をしようと、全国を講演しています。

偉いわ。何か寂しそうな顔をしていたから、「じゃあ、餃子かなんか食べます?」って。もし、連絡できるようだったら、「ソウルの大木がよろしく言ってた」と伝えてくださいよ。

◆東京ドームでの引退式で望んだ「日本プロレス復活」

——大木先生は映画にも出て、俳優もやったんですね。これから日本と韓国は、そういった文化交流とかね、どうあるべきだと先生はお考えですか。

お互いに大いにしたほうがいいんですよ。日本は世界一の金持ちの国だから、経済的な協力だけじゃなくて、本当の友人みたいな。近所同士だから、隣同士だから。だから、歴史を遡って、さっきの古賀政男曰くね、何となく通じるところいっぱいあるんですよ。

——そうですよね。

だから、ケンカしないで仲良くして。お互いに一歩進んでね、昔の本当の祖先たちが、どういう文化交流をしたのかを学んでね。わかっていく最中に、もっと親しくなるんじゃないですか。わからないと、いつになってもわからないですからね。けっこう、仲良くなっていくんじゃないかと思いますよ。世界はもう一つですから。

——日本人だ、韓国人だって、あんまり関係ないですよね、どちらも。

憧れて日本に来てる人もいっぱいいるじゃないですか、今。歳の若い子。

——ええ、そうなんですよね。大木さんが見た場合に、まあ国民性っていうのはちょっとありますよね。日本人の国民性、韓国人の国民性。そういう場合、日本人の良いところ、韓国人の良いところというか、それぞれどう思いますか。

やっぱり日本人は、他人とあまり喋らないでしょ。時間があれば雑誌、本を読んだり、新聞を見たり、編み物こうやったり、電車の中でもみんなおとなしいでしょ。こっちはちょっと声が大きすぎるわ、やっぱり。どこに行っても。もう少しおとなしくならんか。

——逆はどうですか。韓国のほうがこれは良くて、日本はちょっとここ直したらいいいんじゃないかという。

個人的に見たら、日本の人は素晴らしいですよ。私、道がようわからんけど、(ある時、朝起きたら)弟が一人で寝ていたのを見ましたけど、自分は気付かなかったですよ。(弟に聞いたら)住所を持って、「教えてくれ」と。「どこ行ったらいいんですか」と(見知らぬ人に)言ったら、(その人が)新宿まで連れてきてくれたと言うのですよ。そういう親切ってすごいじゃないですか。はっきり言って、いろいろな面で日本から学ぶところいっぱいあるんですよ。義理人情もあるし。俺はそう思いますよ。日本で長く生活して。それをはっきりここで言えないのは、「韓国人でありながら、ここで自分の国のことを悪く言うのか」と、ここの人は言うんですよ。やっぱり日本に行ったら、何でも行ったらすぐにわかると。工事一つ、高速道路とか、道とかも、設備でも何でもちゃんとしている。「こっちはメチャメチャだ、何をやっても」とここで言ったら、「あの野郎、親日派だ」と。

——でも、最近韓国の新聞は意外と自国批判を言いますよ、みんな。外国に行った人が、「これはやっぱり外国のほうがちゃんとしているから、韓国人はもっと勉強したほうがいい」とか。

大いに勉強しないとだめですよ、どこに行っても。

——僕はソウルに五年住んでいましたが、日本よりもこっちのほうが好きなところもあります。

いや、おかしいや（笑）。逆だな。（冗談ぽく）俺は日本のほうがいいや。いま日本にプロレス団体が二八あるらしいんだけど、そこでAクラスは亡くなった馬場さんと猪木さんの会社でしょう。だから、大木としても会社を作ってやってみたいというのはありますよ。力道山先生の作った日本プロレスを最後まで守ろうと思ったのが、守れなくて。だから、東京でも一九九五年四月二日の引退セレモニーの時、言いましたよ、東京ドームで。「日本プロレスを最後まで守ろうと思っていましたけど、結局守り切れず、いつか日本プロレスを復活させる」と。「復活します」って言ったら、「やってね」って言われて。何か、今でも一回してみたいなっていう気持ちは変わらないですわ。ただ、経済力がね。最低日本円で一億円以上かかるでしょう。それだけは簡単に作れないですよ。リング一つ作るのに五〇〇万円です。それに、選手いいやつ、スカウトしなければならないでしょう、会社を作らなければならないでしょう、道場もなければならないでしょう、相当な金かかりますよ。スポンサーがいればすぐに作りたいんだけど、スポンサーもいない。五年くらいやってみたいですね。

――じゃあ、今やりたいことっていうのは、それですか。

それだけです。

――それは、日本と韓国の交流にも使いたいということですか。

ええ、団体はなくなったんですけど、それを復活させて、今、ロサンゼルスなんか日本の人、韓国の人いっぱいいますからね。昔もそうです。ただ、一九六三年頃は韓国人はそんなにいないわけですよ。だから、そこにも会社を置いて、ソウルでもしたいし、ハワイでもしたいし、日本全国回りながら試合したい。中国は三年前行って来ましたけど、中国ものすごく発展しています。

――中国どちらに行かれましたか。

奉天。

――瀋陽ですね。

瀋陽は六〇〇万人です、人口。そこから北京のほうに五時間くらい行くと、石油がいっぱい出る町がある。そこの町に行って試合したんです。現代的な素晴らしい体育館です。市長は女の人だったですよ。

――韓国のチームを率いて行ったんですか。

ええ。中国語の挨拶できないから、「みなさん、こんにちは」と言うくらいで。

◆「生きていたら力道山先生は政治家になっていた」

――すいません、疲れちゃいましたか。

大丈夫です。うれしいです。

――やっぱり昔憧れていた選手に会えると、非常にうれしいですよ。ちょっと緊張しているような感じなんですけど。何を聞いていいか、本当にわからなくなっちゃった。

あの、石原慎太郎先生、衆議院議員の時に何回か選挙運動を一緒にしましたけど。中川一郎先生の息子さんは今、農林水産大臣でしょ。お父さん、先代の中川一郎、あの先生の選挙運動も手伝いましたよ。北海道の釧路、帯広まで行きまして。中川先生は亡くなったんですけど、みんな昔の話ですけど。まあ、思い出に残っていますけどね。石原先生は東京都の知事選に出たんですか。

――出ました、出ました。(当選の)可能性はかなり高いですよ。

「ソウルの大木金太郎に会ったら、先生の当選をお祝いしたいと言っていた」と伝えてほしいほどです。やあ、いい先生でしたよ。本当に日本人ですよ、あの人は。性格が。ところで、あなたはもう結婚していますか。奥様の田舎はどこですか。

——島根県です。

島根、へえ。島根県は何か地理的にこちらに近いんで、こっちの生活とは近いと書いてありましたよ。ある雑誌で。

——地方に行って、ファンが、大木金太郎に対して何か変なことを言った人はいますか。

そんなに聞かなかったですね。

——たとえば、「石頭」とか。頭突きが強いから。

「頭突きやれ」とかね、「原爆頭突きやれ」とかいうのは聞きましたけど、「朝鮮人」といじめられたことはないですよ。昔、野球の張本勲さんとかいじめられたらしいんだけど、自分はそんなに。

——そういう部分で、日本人にあまり悪い感情を持ってないんですか。

ええ。

——そうですか。大木先生は何年生まれなんですか。

もう歳よ。一九二九年。昭和四年。力道山先生が亡くなってなかったら、自分の運命もまた変わっていたんじゃないかと思うんだけど。

——そうですよね。あ、亡くなってなければ。

「先生が生きていたら、先生はどうなっていたかと考えたことがあるか」と聞かれればね、自分は大いに言いたいことがある。まず、ある程度の財力を成していると思う。それは先見の明があっ

たから、アパートも日本で一番最初に作ったのは先生。マンションを作ったのも先生。ゴルフ、ボウリング場、みんな先生がやってから、それで亡くなっちゃった。ゴルフも、ものすごく大きいゴルフ（場）を作る最中に亡くなったんですから。

——アパートとかマンション、最初にああいう形を考えたのは、力道山なのですか。

先生がみんなやったんです。先見の明があったんですよ。だから、おそらく財閥になっているだろうし、大きい財閥に。そして政治家になったと思う。（選挙に出れば）全国で何百万の票を得ていたと思う。石原慎太郎先生が（一九六八年の参議院選挙全国区で）三〇〇万票でしたが、それより票集まったでしょう。先生引退したら、もう政治家になっていたと思う。これはあくまで自分個人の考えですから。そういうふうに思ったやつは少なかった。俺はそう思いましたよ。先生の気性から言ったら。

（インタビューは一九九九年三月）

＊＊＊

読んでおわかりのように、どんな立場の人が聞いても、大木金太郎さんが述べたことばに対して、反感を持つ人はいないだろう。「一番近い国でお互いに何でもわかっていないとね。誤解されることが多いんですわ。で、わかると理解しやすいし、本当に親しみ持って」とも語っておられた。日韓交流の意味は、この言葉に集約されていると思う。ともすれば、「偏狭なナショナリズム」が跋《ばっ》扈《こ》するなか、この言葉をかみしめたい。

「**日韓文化交流の原点がここにある**」という言葉を、大木金太郎さん自ら使ったエピソードが、『自伝大木金太郎　伝説のパッチギ王』（太刀川正樹訳、講談社、二〇〇六年）に載っている。一九六三年に三か月ほど米国に滞在していた時、ロサンゼルスの日本人と韓国人が手をとりあって両国の国旗を振って、国歌を歌い、試合会場で応援してくれたそうだ。「**美しい光景ではないだろうか。われわれ韓国人と日本人は仲よくしようと思えばできることを証明しているのではないか**」とも書いている。

同書の「韓流スターの元祖は私?」には、求婚されるほど、日本で女性ファンが多かった話が掲載されている。「**昔を振り返ると、私もぺ・ヨンジュンに劣らない人気を持っていた**」とも言う。「ヨン様」に対してとは異なり、多くの日本人が当時、大木金太郎さんを韓国人だと認識していたかどうかは、わからない。

それでも、日本人は韓流以前から、大衆文化の素晴らしいスターに寄せる思いは変わらないと言ってよい。

【第四章】在日・在米コリアンの人々

1 「日本も韓国も私の愛する国です」

アーティスト　ソニンさん

◆本名で活躍する在日コリアン三世

二〇〇二年三月頃、首都圏と静岡県内の大学生八〇〇人を対象にある社会調査を実施した。質問紙に記入してもらう方式だったが、その一つに「あなたの知っている韓国人の名前を書いてください」という質問を設けた。政治家、歴史上の人物、スポーツ選手などを記入する回答が中心だったが、筆者がそれまで聞いたことがなかったある名前も多くの若者が書いていた。それが「ソニン」であった。

その後、「ソニン」が在日コリアン三世のアーティストであることを知った。歌手として、女優として、タレントとしてブラウン管にたびたび登場している。「ソニン」とはフルネームではなく、本名のファーストネームらしいこともわかった。

それ以来、筆者はこのアーティストにずっと注目してきた。歌も良いが、ドラマでの演技も自然で好きだ。

日本の芸能界には多くの在日コリアンが活躍している。ただ、日本名で活動する人が多い。もちろん、演技力抜群の女優として舞台・テレビ・映画に多数出演し、二〇〇四年惜しくも亡くなった金久美子さん（一九五八年生まれ）のように韓国名で活動してきた人もいるが、きわめて稀なケースだ。ソニンさん（一九八三年生まれ）のように、アイドル的な才能も兼ね備えるアーティストが、韓国名をそのままカタカナ表記にしてデビューしたケースは初めてではないかと思う。

また、バラエティ番組で韓国語を披露したり、テレビＣＭでは英語も話している。語学能力も人並み以上のようなのだ。所属事務所ハーモニープロモーションにソニンさんを訪ねて、語学学習や在日コリアンとして思うことなどを語ってもらう機会があった。

ソニンさん。インタビューに笑顔で応じてくれた

◆テレビ番組の企画で訪韓して使った韓国語

――韓国語を最初に勉強したのはいつですか。

四国で通っていた民族学校（注：在日コリアンの子弟が通う学校）に入ってから学びました。家族がみなコリアンですから学校入学前でも、아버지《アボジ》（お父さん）や어머니《オモニ》（お母さん）という簡単なことばは知っていました。他はすべて学校での教育です。家の中で日本語と韓国語を混ぜて使うようなことも稀にありました。幼い頃のことをはっきり覚えているわけではありませんが、韓国語の場合は日本語に似ていますから、頭の中でも韓国語で考えながら話していたような気がします。

――最近、日本で韓国語を学ぶ人が多いことをどう思いますか。

うれしいですね。多くの人が、韓国に関心を持ってくれるのはとてもうれしいことです。三世、四世の在日にとっては、国籍は韓国であっても、日本人と同じような生活を送ってきました。両方を考える立場として、そういう現象は素直にうれしいです。

――テレビで話しているのを見たことはありますが、韓国語を使う機会はありますか。

仕事で韓国の方が来る時には使います。親族と話す時は日本語ですが、冗談交じりで韓国語を入れたりすることはあります。韓国に住んでいる親戚に電話する時や、韓国へ行った時に使いますね。

――二〇〇二年六月にテレビ番組の企画で、出身地の高知から韓国の慶尚南道《けいしょうなんどう》まで海峡を渡りつつ約六〇〇キロを自分の足で完走されましたよね。たしかそれが初めての韓国訪問だと思いますが、韓国語も使いましたか。

はい、そうです。日本で習った在日特有なことばもあるのですが、よく通じました。東京に出てきてからは韓国人からも本場の韓国語も習っていますしね。「あんた、よく喋れるね」とも現地で言われました。日本人のスタッフたちと一緒にいるわけですから、韓国人から「なんで喋れるの？」と言われるのです。「在日ですから」と言うと、「ああ、そうなんだ」となるわけです。在日に対して本国の韓国人は冷たい場合があると聞いたことがありましたが、まったくそういうことはありませんでした。街でも、民家でも使いましたが、みな親切でした。（在日に対する態度には）時代の変化もあるかもしれませんね。

――韓国では「日本から来た歌手だけれど」とギター一本で街に立って歌いましたね。

はい、それも韓国語で歌いました。（尾崎豊さんの）「I　LOVE　YOU」の韓国語バージョンでした。

◆初訪韓の印象と「ソニン」という名前

――そもそも韓国を最初に訪れた時の印象はどうでしたか。

まったく違和感がなかったですね。韓国人は血のつながりを大切にする人たちだからでしょうか、親戚に会っているような感じがしました。アツかったですね。すごくパワーのある国だと感じました。

――自分のルーツがある国だという感慨はありましたか。

ありました、ありました。私は韓国の国籍を持っている人間なんだなあと思いました。

――ところで、ソニンは本名ですか。

そうです。

――芸能界で活躍する在日コリアンで、本名の韓国語読みをカタカナのまま使って活動する人はソニンさんが第一号かもしれません。この名前での活動はどうですか。

「ソニン」という名前を使って活動することは、みなさんが一度聞いたら忘れないというインパクトがあります。その分、目立ちます。たとえば、病院へ行っても、「ソニンさん」と呼ばれて、みながこちらを向きますね（笑）。保険証も、運転免許証も全部、この名前で生活しています。

――韓国の俳優やタレントと会うことはありますか。

イベントや番組でちょこちょことありますね。たとえば、ＮＨＫテレビのハングル講座にも出演していた歌手Ｒｙｕさんとも歌番組でご一緒しました。

――自分自身は韓国のドラマや映画を見ますか。

見ます。韓流ブームだからというわけではなく、日本の作品と同じように、興味があれば見るという感じですね。自分自身がお芝居をするようになってからは特にですね。試写会などにも招待され、コメントを書くためにも見ることもあります。

◆ひとりの人間として、女性として評価されたい

――韓国映画も見るとのことですが、最も好きな作品は何ですか。

『ブラザーフッド』（二〇〇四年）ですね。とても素晴らしかった。主演のウォンビンのファンだということもありますが、内容が戦争を扱っていて私自身が感情移入しやすかったです。多くの日本人が「良い作品だった」というのを聞いて、それもうれしく思いました。

――フジテレビのドラマ「東京湾景」（二〇〇四年）では、在日コリアン女性の木本紀香役を演じたのが印象的でした。いかがでしたか。

あのドラマでは国籍を超えた恋に悩む（木本美香役を扮する）仲間由紀恵さんの妹の役柄で、在日そのものとはあまり関係ないシーンが多く、普通にやっていました。「在日をテーマにやります」とお話を頂いたときは、うれしかったです。他の人がやったらやきもちを焼いたかもしれません（笑）。在日である自分が、在日を題材にしたドラマをやれるというのはうれしいことですね。

――日本と韓国の関係についてお聞きします。自分にとって韓国という国、日本という国の位置付けについてはどうですか。

批判的な意味ではないのですが、在日の気持ちは在日にしかわからないと思います。文化交流はうまくいっているけれど、歴史の問題などで日韓に摩擦が生じることがありますが、在日の存在そのものが歴史あってのことですから複雑な面がありますね。ただ、昔を知っている世代はいろいろな思いがあるのでしょうが、私のように三世、四世になってくるとよくわからないところもあります。自分は日本で生まれて、日本人と同じように育ってきたのに、なぜ国籍は韓国なんだろうという気持ちが正直あるわけです。難しくしようと思えばいくらでも難しくできるし、「日本に住んでいる韓国人です」と単純に言ってしまうこともできます。

私は日本も韓国も好きです。日本はずっと暮らしてきて、日本の人たちとたくさん出会って、ファンの人たちには外国の人もいるけれどほとんどが日本人です。歌っている歌も日本語です。ですから日本は愛する国です。その一方で私の国籍の国である韓国を誇りに思っています。韓国と韓国人を愛しています。

同時に、国籍や民族も大切ですが、一人の人間として自分を見てほしい、自分と接してほしい、自分と付き合ってほしいという気持ちが、在日コリアンには強いと思います。私は仕事を進めるなかで、この点をよく意識します。「ソニン＝在日三世」と明らかにするのは、メリットもあれば、デメリットもあるわけです。「韓国だ、日本だ」ということに関係なく、一人の人間として、女性として、歌を歌ったり、お芝居をする。それが評価されるのが自分の理想です。

◆語学学習は「楽しむ」と「触れる」が大切

――「英語でしゃべらナイト」（ＮＨＫテレビ）にもゲスト出演され、英語を話されていましたね。韓国語と英語の語学学習に対する思いはどうですか。

外国語を学ぶ目的はいろいろあると思います。趣味で学ぶ人、世界の共通語だから英語を学ぶ人、韓流ブームにあって原語でドラマを聞き取りたいから韓国語を学ぶ人など、いろいろでしょうね。どんな場合でも、楽しまなければ身につかないと思います。

私の場合、英語についてはもっと喋れればいいなという気持ちもありますが、ただ単に大好きなんです。中学生の時から、英語を習うところに行ったりしましたが、別に仕事にしようという気持ちではなく、好きだったんですね。好きになろうと思って好きになったわけではありません。中高生の時に神戸にいたのですが、そこで通っていた英会話の先生が英語を楽しく学べるような雰囲気を作ってくれたのが大きいです。一二歳で初めて英語に接した時、良い先生に出会ったことが良かったと思います。

また、異文化の差もおもしろいです。日本人はおしとやかで、清楚な感じがしますが、英語圏の人たちはおおらかですよね。異文化の差の楽しさを知ったのも、ことばを楽しめるきっかけです。もともと異文化そのものに関心があったんでしょうね。それから、海外の人たちはけっこう気さくな感じがしますね。「H・i！」と言ったら、「H・i！」と言ってくれます。そうしたフランクなやりとりにチャレンジしたり、英語を喋れる友達を作るようにしたりとか、そうした努力が必要だと思います。そうすれば、喋る機会も、教えてもらう機会も増えます。「教材を見て、勉強をして」という気持ちだとあまり楽しくないでしょうね。

——どうやって楽しめばよいでしょうかね。また英語で楽しく話している語学学校（ECCジュニア）のテレビCMも好評ですが。

とにかく、ことばに触れることが大切だと思います。外国語の映画を見るのもよいでしょうし、そのことばをしゃべる友達を作るのもよいでしょう。正式なものではなくても、ブロークン(broken、「文法にはずれた」の意）なことばに触れるのも語学を楽しむコツです。あのCMが流れてから「帰国子女ですか」とか、「留学していたのですか」と言われますが、海外へ行くようになったのは芸能界での仕事をはじめてからですね。特に韓国へはここ二、三年で行く回数がとても増えました。「ご飯がおいしいから一度連れて行って」と言われて、韓国へプライベートで友達と行ったこともあります。韓国へ行っても日本人が多いですね。やはり（両国は）近いです。日本にいるみたいに、「ソニンや、ソニンや」と日本の女性から声をかけられたこともあります（笑）。おもしろいですね。

（インタビューは二〇〇五年八月）

色紙いっぱいに書いてもらったソニンさんのサイン。歌を愛する意味のsongとハートマークのほか、名前のハングル表記である선と임の文字も見える

＊＊＊

「凛《りん》とした女性だなあ」というのが、インタビューを通じてのソニンさんに対する印象だ。前出の中曽根元総理や金泳三元大統領にインタビューした時よりもある意味では緊張した。質問に対しては、無駄や無意味なところのない自分の考えを、自分のことばで話すというスタイルなのだ。

筆者は彼女と同年齢の大学生や大学院生と接する機会が多いが、こんな人材はなかなかいない。そのことを指摘すると、ご本人は「こうした世界で仕事していますから……」と謙虚であったが、それだけではないであろう。家族、友人、スタッフにも恵まれてきたはずだ。「韓国だ、日本だ」ということを抜きに評価されたいという発言があったが、彼女の自己表現力やマナーを評価する人は多いのではないか。歌唱力や演技力を磨いて、さらなる成長をしてもらいたいと応援している。

インタビューしてから三年以上たったが、その後の活躍ぶりも素晴らしい。特に舞台では「ミスサイゴン」（帝国劇場、二〇〇八年）でヒロインを演じた。映画の話題作にも出演している。韓国でもドラマに出たり、歌も出した。また、『朝日新聞』の連載「いじめられている君へ」に「いじめられる自分、想像して」（二〇〇六年一一月二四日付）というメッセージを書いたり、NHK教育テレビの福祉番組「ハートをつなごう」（二〇〇六年四月〜）では重い話題をもオープンに明るく司会進行している。こうした「社会派ソニン」の顔も応援したい。

2「両方の立場や言い分がよく理解できます」

テレビ日本語講師　河英順《ハヨンスン》さん

◆日本語学習の「顔」

八〇年代の末、ある週刊誌で外国報道機関の東京特派員を取材する連載記事があった。筆者はその週刊誌からの依頼で韓国の新聞社や放送局の東京支局を訪ねて、韓国人記者を取材する「アルバイト原稿」を何本か書いた。「河」という姓の特派員に会って記事にした時のことだ。その掲載号が発行され、しばらくして河特派員から電話があった。

「いろいろと読者からの反響がありました。最もうれしかったのは、私の『河』という苗字に関してです。『韓国にも〝河〟という苗字があったのですね。韓国人にとても親近感を持つようになりました』と、河《こう》さんという人から電話をもらい、今度会うことにしました。韓日両国が漢字文化

河英順さん

圏であることを実感しましたよ」

モノ書きとしては、自分の書いたものがきっかけで喜んでくれたり、新たな人間の出会いが生まれるのはうれしいものだ。漢字で書く「河さん」を筆者は忘れられない。

特派員だった河さんとは今でも交流があるが（実は第三章で登場した河東瑾さん）、筆者の知り合いでもう一人、別の河さんがいる。この河さんはその苗字よりも、「顔」が韓国で知られている。特に、韓国で日本語を勉強したことがある人ならば、知名度ならぬその「知顔度」は高いのではないか。日本通のある韓国人の友人にこの人の写真を見せたところ、**「あっ、この人！　知っている。テレビの日本語講座でお世話になった」**と、すぐに声を上げた。

テレビの日本語講座に長年出演している河《ハ》英順《ヨンスン》さんだ。横浜生まれ横浜育ちの在日コリアンなので、ネイティブスピーカーとして標準的な日本語を韓国の教育テレビで発音し続けている。

日本におけるＮＨＫテレビ「ハングル講座」とは対称の位置にある、韓国におけるテレビでの日本語講座は、ＥＢＳ（教育放送）で放映している。河英順さんは、ＥＢＳの前身であるＫＢＳ３

（ＫＢＳ〔韓国放送公社〕第三テレビジョン）時代の一九八八年一二月から同講座にかかわっている。スタジオでの模範発音やスキットでの演技で出演するほか、製作そのものにも携わる。「河さんのものしり博士」というコーナーも担当していたので、顔だけでなく、「河さん」という名も広く知られているであろう。

◆臨機応変が強みの番組作り

「視聴者から街でよく声をかけられます。日本語を勉強するホテルマンや免税店社員からが特に多いです。今のようにケーブルテレビが登場し、多チャンネル化される前は、少ない地上波のなかでＥＢＳを何気なく見る普通の人も多かったように思います」

河英順さんはこう言う。サインしてほしい、一緒に写真を撮ってほしい、日本語の質問をしたい、日本語を教えてくださいといった「注文」を、初対面の人からその場で受けることもあるそうだ。

日本語講座の番組作りで、日韓の違いを感じることがあるかどうかを聞いてみた。

「韓国がどちらかというと短時間で効率的に成果を上げるというスタイルだとすると、日本はじっくりと着実に進むというような傾向があると思います。日本では、綿密な準備をするのは素晴らしいのですが、その分、融通がきかなくなりがちです。たとえば、小さなことでも変更が難しく、何かが変わると頭を抱えてしまうということが日本ではあるのではないでしょうか。その点、韓国

ではその場その場の状況に合わせて臨機応変にうまく対処していっているように思います」

これは日本人と韓国人の仕事のやり方の違いとして、さまざまな場面で垣間見えることだろう。河英順さんはEBSスタッフらと日本へロケに行ったこともある。カウンターパートであるNHK側が全面的な協力をしてくれたそうで、「**スタッフに日本の雰囲気や仕事のやり方を理解してもらう良い機会だった。こういう交流は大切ですね**」とも語る。

こうした仕事に従事されているので、語学上達の秘訣は何かと聞くと、「とにかく声を出してしゃべること」と、「なんでもハッキリ言う」の二点を河英順さんは挙げる。「ハッキリ言う」とは、「イエス」と「ノー」でもあり、仕事であれ、人間関係であれ、これは日本よりも韓国社会のほうが求められることかもしれない。

◆ソウルで二〇年近く韓国社会や日韓関係をウォッチして

ソウルには河英順さんのように働いたり勉強したりする在日コリアンがたくさんいる。在日コリアンとは文字通り日本に在住する韓国人だが、ソウルに住んでも「在日」であることには変わりがない。

「実は日本では周囲がほとんど日本人という環境でしたので、韓国に来て初めてたくさんの『在日』に出会ったんです。不思議なのですが、誰に接しても『同胞』という思いからでしょうか、胸

がほんわかしたのを憶えています」

河英順さんがソウルに住みはじめたのは日本の薬科大学を卒業してしばらく経った一九八六年で、まずは三か月だけ韓国語学習のため延世《ヨンセ》大学の語学堂に入った。一度日本に戻ってから、翌八七年に再び同語学堂でハングルを学び、「もう少し韓国で勉強したい」と、八八年から漢陽《ハニャン》大学の大学院で日語日文学を専攻した。KBS3の番組で日本語教育に関わるようになったのも大学院生時代だ。

日韓のエンターテイメント（音楽・芸能）、ファッションなどをコーディネートするビジネスもあり忙しい（ソウル江南バスターミナルにて）

「一九八六～八七年の韓国は民主化を求める学生運動が盛んな時期で、キャンパス周辺ではそれを鎮圧するために機動隊が放つ催涙弾のガスが漂っていました。今では考えられない光景ですね。それ以降、八八年のオリンピック開催、二〇〇二年のワールドカップ開催と歴史的なイベントに立ち会えたのはまたとない思い出です」

日韓関係で摩擦があった時、**「自分の意見はあまり言えない」**と河英順さんは言う。なぜならば**「両方の立場や言い分がよく理解できるから」**である。ソウルで二〇年近く、在日コリアンの目で韓国社会や日韓関係をウォッチして思うのはどんなことだろうか。

「最近は老若男女を問わず気軽に日本を旅行する韓国の人が多くなっています。目的はさまざまなようですが、『楽しかった』と戻ってくる人の言葉はほんとうに喜ばしいです。一方、韓国を訪れる日本の人を見ていると、韓流ブームの観光客がなんといっても増えています。ここソウルでも前もって調べてきた情報をもとに、いわゆる観光地ではないような所も道を尋ねながら足を運び楽しんでいる様子をよく目にします。こうしてお互いがそれぞれを訪ね合うことで自然と心もまた近づけるのではないかと感じています」

ソウル江南《カンナム》のファミリーレストランでお会いしたのだが、河英順さんは「在日」の立場から、日韓間のよりいっそうの親交を望む思いを噛みしめながら言っておられた。

◆民謡をめぐる交流

ところで、放送をめぐる日韓交流で他にも触れたい話がある。

ＭＢＣ（韓国文化放送）のラジオ番組で、「韓国民謡大典」という五分間だけの番組がある。たとえば、「きょうは全羅南道高興郡の田植えの唄を紹介しましょう」などと、全国で発掘してきた知られざる民謡を放送していくという地味なものだ。

この番組は、韓国全土で口承民謡を調査、記録し続けてきたＭＢＣプロデューサーの崔相一《チェサンイル》さん

（四六）が作っている。そもそも崔相一さんは、歌謡曲、ポップス、クラシックなどを流していたが、「韓国伝統音楽を流せないかと、自然に関心を持つようなった」という。ところが、伝統音楽には宮中音楽のようなもの以外、レコードも資料もないことがわかり、「一般民衆が歌う土俗的な民謡も重要なのに、なぜ記録がないのか。それならばラジオのプロデューサーとして、そうした音楽を探し求めて、記録していこう」と、プロデューサーになって七年目に思った。民謡を覚えているのは多くが老人だ。「急がなければ覚えておられる老人たちが亡くなり、民謡が消滅してしまう」という思いもあった。

一九八九年にプロジェクトが発足し、九六年までに九〇〇〇あまりの地方の村々を回り、一万四〇〇〇もの民謡を録音していった。番組は一九九〇年から始まり、ずっと放送されている。

やっと約束を取り付けたが会いに行く数日前に老人が亡くなってしまった、実際に老人に会ってみると忘れてしまって歌えなかった……非常に残念なケースも多かった。「おかげで久しぶりに歌えて楽しかった」と老人から言われた時はうれしかったという。漁労の唄の場合、それを歌いながら海に出た夫や息子が帰らぬ人となったおばあさんに取材中、途中で声を詰まらせる場面があり、胸が痛かった。こうしたエピソードは尽きない。

崔相一さんは日本の民謡にも造詣が深く、訪日経験も多い。日本の場合、演歌や歌謡曲にも民謡の要素が継承されている点、民謡には神様が登場する点などが韓国と異なっていると指摘する。ま

た、韓国民謡の舟唄のなかには、「세노야《セノヤ》」（かけ声の「せぇーの」？）、「나지미《ナジミ》」（馴染み？）、「아사히《アサヒ》 담배《タムベ》」（タバコ「朝日」）など、植民地時代に入ってきた日本語と思われる言葉が見られるケースがあるという。

この番組で紹介された民謡の一部をまとめたCDは、日本でも販売されている。「韓国民謡大典 Anthology of Korean Traditional Folksongs」（総販売元：平凡社出版販売株式会社）というタイトルそのままで、一二枚のCDに二五五曲が収めてある。これを購入した秋田県の民衆文化史の研究者が崔相一さんを訪ねてきて、交流が始まったそうだ。崔相一さんの話は、第六章で登場する李喜羅《イヒラ》さん（通訳・翻訳家）に取材を手伝ってもらったが、「**一杯飲みながら話をすると、やはり民謡に関心を持つ同士だと話がよく通じるんです**」と崔相一さんは言っていたそうだ。河英順さんの放送交流の話、崔相一さんの民謡交流の話……。同じ分野同士ならば盛り上がるのは、第三章で紹介した臼井さんの映画人同士のエピソードにもあったが、他の日韓間の交流でもいえることではないかと思う。

（基本取材は二〇〇六年三月）

3「日本の文化である落語で、韓国人を笑わせたい」

落語家　笑福亭銀瓶《しょうふくていぎんぺい》さん

◆日本の伝統芸能をオールハングルで聞く衝撃

「시작《シジャク》、하나《ハナ》、둘《トゥル》、셋《セッ》!!」（一、二、三、始め!!）

この文句で始まる落語がある。笑福亭銀瓶さんが手がけている韓国語落語だ。

潜在的な落語ファンの開拓を目的に二〇〇四年から始まった「大銀座落語祭」という催しがある。〇六年夏のこの催しで、笑福亭銀瓶さんの韓国語落語を聞きに行った。銀瓶さんにとって、同落語祭でのお披露目は、前年に引き続いて二度目で、〇七年と〇八年も披露している。

演題は「時うどん」だった。屋台へ現れた男が、注文したうどんをほめながら食べて、代金を支払う際に「いま何時」と聞いて一文をごまかす。それを別の男が真似るも失敗するという話である。

江戸落語では「時そば」として有名だ。

韓国語落語と言っても、部分的に韓国語を入れるのかと思ったらそうではない。オール韓国語でのしゃべりだったので驚いた。しかも、通貨単位も、「文」ではなく、「ウォン」（韓国の通貨単位）に入れ換えているからおもしろい。

「なぜ韓国語落語なのか？」――在日コリアン三世の落語家である笑福亭銀瓶さんを大阪（松竹芸能株式会社）に訪ねて、お話を聞いた。

◆一九年ぶりの韓国語学習

――最初にハングルを勉強し始めたのはいつですか。

一八歳の時です。一九八五年に父の勧めで家の近所で開かれていた韓国語教室へ行きました。あまり興味がなかったので三か月ぐらいでやめてしまいました。でもその時にハングル文字の仕組みだけは理解できました。

――さらに本格的に勉強し始めたのはいつでしょうか。

二〇〇四年からですが、これもじわじわと勉強するようになります。韓流ブームの最初ですね。実は歌から入りました。カラオケスナックへ行ったら、「冬のソナタ」で流れた「My Memory」を歌っている人がけっこういました。私も同じように歌って、最初はカタカナで読んでいました。

テロップではハングル文字も出ますから、一八歳の時に習った仕組みを思い出すようになりました。

——一九年前のことが想起されたわけですね。

そうです。ハングル文字を見てだんだん歌えるようにもなり、おもしろくなってきました。二〇〇四年五月に、NHKテレビ「ハングル講座」のテキストを買って、パラパラと読みながら、勉強をもう一度し始めたのです。そして一一月に映画『血と骨』（崔洋一監督）を見まして、冒頭ですごく感動しました。この映画も契機になって、真剣に勉強しようとさらに思うようになったんですね。

笑福亭銀瓶さん。本名は松本鐘一、韓国名は沈鍾一。1967年、神戸生まれ。国立明石工業高等専門学校卒。1988年、笑福亭鶴瓶に入門

——勉強は毎日されたのですか。

（ノートを手にとりながら）このように時間のある時に、一生懸命やりました。そして二週間やったら、勉強しただけの成果があがりました。スラスラ読めるようになったり、書くのも速くなったりしましたね。二週間で成果があがったのだから、もっと勉強すれば話せるようにもなるだろうと思いました。

——その時はもう三七歳ですよね。二週間の学習で成果

を実感できたのですから、その年齢としては大変な努力が必要だったのではないですか。

そうですね。真剣にやったからでしょうね。それから、DNAが騒いだということもあるのではないでしょうか。

——私も韓国語落語を大銀座落語祭で聞きましたが、発音がとても素晴らしいと感じました。それでも難しい点が多々あるでしょうね。

はい、イントネーションが難しいです。最初は同じ在日三世の友人から習ったのですが、その人は釜山《プサン》訛りでした。今は一週間に一回、教室に通っているのですが、そこのネイティブの先生と話すことでイントネーションが身についたと思います。

◆師匠の鶴瓶さんも「そりゃ、ええことや」と激励

——師匠は笑福亭鶴瓶さんで、入門したのは一九八八年ですよね。その時、鶴瓶師匠に韓国語学習を勧められたとか。

私が在日だと知っているので、入門してしばらくしてから、「おまえ、韓国語できるんか」と師匠が聞くんです。「いいえ、できません」と答えたら、「そんなん、血が流れてるんだから、話せるようになったらどうや。勉強しておけ」と言われました。「はい」とは答えたのですが、その時は噺家になる修業で忙しく、余裕もなかったですから、そのままになっていました。

——そもそも、韓国語落語をやろうと思ったきっかけは何ですか。

一七歳の時、あることがあって、日本名ではなく本名を名乗るようになりました。たいそうな言い方になりますが、民族意識のようなものが芽生えたわけです。ただ、二〇歳で鶴瓶の弟子になり、一九九二年に日本人の嫁さんと結婚して、子供もできて、九六年には帰化しました。そのうち、自分のなかにある「在日」とか「韓国」といったものが薄らいでいきました。

二〇〇一年に生まれて初めて韓国へ行く機会が仕事でありました。先祖の国ですから、「感動するかな」と思ったら、まったく感動しなかったのです。まるで「外国」だった。「なんでかな」と考えたら、ことばができないからではないかと思い始めました。二〇〇二年のワールドカップの頃も二度ほど行きましたが、行くたびにそう思いました。

二〇〇四年の韓流ブーム、そして崔洋一監督の『血と骨』を見て、さらに韓国語へのスイッチが入りました。日本も、韓国も祖国だと言いたい。でもことばができなければ、祖国と言えないと思うようになった。そうして勉強していくうちに、自分でも身につけられると確信しはじめました。

さらに、落語家としての欲も出てくるようになりました。「韓国語で落語をやれば、韓国人を笑わせることができる」と。日本の文化である落語で、韓国人を笑わせたいと考えました。しかも、韓国語で落語をやれば自分の勉強にもなる。それで韓国語落語をやろうと思いました。ですから、韓国語落語をやろうと思って、韓国語を始めたわけではなく、落語は後からついてきたんです。韓

笑福亭銀瓶さんの高麗大学での公演ポスター

国語で韓国人を笑わせたら、あの国にも近づけるとも思いました。

——韓国語で落語をすることを鶴瓶師匠は賛成してくれましたか。

韓国語の勉強を始める時、師匠にそれを言ったら「そうかあ」と嬉しそうな顔をしてくれました。「入門の頃、師匠が『勉強しておけ』と言うてくれましたよね」と話したら、「そうや。そんなことも言うたなあ」とも。そして、しばらくして、「韓国語で落語をやりたいんです」と言ったら、「そりゃ、ええことや。やれ。がんばれや」と、すぐに応援してくれました。

◆「在日三世の若者がこんなことをやりよったか」という温かい目

——韓国語落語で心がけていることはありますか。

二〇〇五年になって、韓国語落語をいろいろなところでやっているうちに、「これって、ぼくしかやっていないんやなあ」というか、自分しかできないことだという思いが強くなりました。韓国語で落語をやるからには、落語という文化に対して失礼がないようにしたいと思っているんです。

だから面白いものにしたい。韓国でやって、韓国人から「日本の文化と言っているけれど、あまり面白くない」なんて言われるのはイヤです。舞台に上がっているからには、日本語であろうが、韓国語であろうが、落語家としてやっています。良いものを見せないと、お客さんは喜んでくれません。

——二〇〇五年九月に初めて行ったソウル公演での反応はいかがでしたか。

韓国の皆さんは落語そのものを知らないわけですから、日本でやる時とは状況が大きく違います。落語について韓国語でまず説明します。小咄も二、三やってから、落語に入っていきます。落語の聞き方、楽しみ方といったルールのようなものが伝わったのでしょう、とても反応が良かったですね。また、韓国語落語ですから、日本でやる時よりも、ことばの意味をすぐにとってくれるので反応が速いですね。日本で在日のお客さんには反応がなかった細かい一言にもネイティブだから笑ってくれます。同徳《ドンドク》女子大学の日本語学科の学生の前だったので日本語でもやったのですが、これもとても良い反応でした。

——韓国で日本文化を披露するのは、心配ではありませんでしたか。

それはなかったですね。ただソウル公演の前に、ことばは通じても、落語のおもしろさが通じるのだろうかという心配がありました。韓国はコントが中心で、笑いの文化が少し違うのではないか。落語はある意味では「想像の芸」ですからね。でも実際に落語をしてみると、自分の計算通りに笑いが起きましたから、「これはいける」と思いました。

――日本風ということで、否定的な反応はなかったですか。

日本の着物でやることを心配してくれる人もいました。「（韓国の民族衣裳である）パジ・チョゴリでやったら」とも言われました。でも「それはおかしい。日本の文化なのだから、着物でやったらええねん」と私は言いました。

――東京や大阪で韓国語落語をする時の反応はいかがですか。

お客さんが自分の父親世代である在日二世が中心ですと、とても喜んでくれるんです。「三世の若者がこんなことをやりよったか」という温かい目で見てくれるのを感じます。韓国通の日本人からは「韓国語が前よりも上達されましたね」という反応も頂きました。

◆韓国語で「ラクゴ、知ってますよ」と言われたい

――最近の日韓間の文化交流についてはどう思いますか。

韓流ブームの到来にはびっくりしましたね。日本人が韓国人の芸能人にキャーキャー言う時代が来るとは微塵も思っていませんでした。酒場では「韓国が」とか、「北朝鮮が」とか、平気で口に出せるような世の中になりました。私が学生の時には、在日同士で会った時にも、「韓国」という単語だけでも小声で話すようなところがあったんですね。良い話でも、悪い話でも、韓国や北朝鮮

の話題を普通に出せるようになったのは良いことだと思います。また、日本で韓国のドラマが楽しめたり、韓国で日本のアーティストのＣＤが売れたりするのも素晴らしいことだと思います。

――そんななかで落語も役割があるかもしれませんね。

落語もその文化交流のひとつにもっと加われればと思います。韓国へ行って思うのは、日本語を学んでいる若者が多いことです。ソウルで日本語による落語会をやってみても良いと思うんです。これは上方落語協会の会長である桂三枝師匠にもお話ししたことがあるほどです。

――銀瓶さんは、日本と韓国についていろいろと考えるでしょうね。

高座中には熱が入る（写真撮影：橘蓮二さん）

韓国も祖国だと思えるようになりたいんです。アイデンティティは日本にありながら、そこに韓国をプラスしたい。日韓関係のことはフィフティ・フィフティで見ようと思っています。韓国の問題点をレギュラーのラジオ番組でもよく指摘します。二〇〇〇年六月に南北首脳会談があった時、自分が在日出身であることにも触れながら、これを長くコメントしたことがあります。一七歳から韓国名を名乗ってきましたが、落語家として活動する時は「何人だ」といつも言っているわけではないですから、この時に私が在日だと知った人もいます。

――『日本経済新聞』（二〇〇五年六月一六日付）に載った銀瓶さんの記事のなかで、「日本と韓国、両方の良さを感じ、愛していこう」と在日の高校生に語ったと述べていますが。

子供の時、親戚が使っている韓国語を聞いていると、「やかましいことば」というイメージがありました。オシャレじゃないみたいな。ところが歌を通じて韓国語に触れたりすると、その美しさがわかった。同時に、日本語の素晴らしさも感じるようになったんです。ことばだけでなく、食べ物、着る物など、身近なことでも両国の文化の良さを実感します。

――これから実現したいことはどんなことですか。

日本語でも、韓国語でも、落語のネタをもっと増やしたいです。韓国語では「動物園」と「時うどん」の二つをやっていますが、三つ目を今は構想中です。また、韓国人が「落語」ということばをわかるようにしたいですね。「라《ラ》쿠《ク》고《ゴ》 알《ア》아《ラ》요《ヨ》?」（「落語、知っていますか」）と聞いたら、「라《ラ》쿠《ク》고《ゴ》 알《ア》아《ラ》요《ヨ》」（「落語、知っています」）と答えが返ってくるような。それも私の夢です。

――韓国語上達のコツはなんでしょうか。

ことばの勉強は、人間としての成長も実感できるので、本当に良かったと思っています。日本語の良さも同時にわかる。ことばの上達法は、少しでもいいから、毎日触れることだと思っています。読む、聞く、書く。そして、使う。また、「いつか必ず話せるようになる」という気持ちを強く持つことも大切です。私の日本語と韓国語の落語をいつか楽しんでください。

（インタビューは二〇〇六年八月）

＊＊＊

「웃으《ウッス》면《ミョン》 福《ホ》이《ギ》 와《ワ》요《ヨ》」という決まり文句がある。直訳すれば「笑えば福来たる」だ。このインタビューの後、筆者は東京、大阪、ソウルで銀瓶さんの韓国語落語を聞く機会が数回あった。日本社会も、韓国社会も、明るいニュースの時ばかりではなかった。ただ、いずれの会場でも銀瓶さんの落語に聞き入っていたお客は、日本人であれ、在日を含めた韓国人であれ、その顔は笑みに満ちていた。

私学の名門である高麗《コリョ》大学での公演の際（二〇〇六年九月）、終了後は感激した学生らがサインを求めて銀瓶さんに殺到していた。高麗大学は英語名をKorea University（直訳すれば韓国大学）としているくらい、民族主義の牙城のような大学でもある。そんな大学で日本の着物を来て、日本の伝統芸能をやるのだから、ちょっとした歴史的出来事のようにも思う。

銀瓶さんはハンサムで、話術も巧みである。そんな彼が落語という武器で日本人と韓国人をもっと笑わせたら、日韓関係には現状よりも福が来るのではないかとも思う。後日、銀瓶さんに問い合わせたところ、韓国語落語の持ちネタはいまや「宿題」（作・桂三枝）と「犬の目」が加わって、四つになっている。

銀瓶さんの落語は、もちろん日本語による高座も素晴らしい。東京や大阪での落語会の後、感想をメールで送ると、「ぼくは不完全燃焼です。勉強、勉強」と返信が来る。修業に余念がない。銀瓶さんの公演やメディアへの出演情報は、ブログ（http://www.kdn.ne.jp/~aohyon/ginpei/）に随時出ている。

4 定住外国人ボランティアと社会統合

ルポライター　姜誠《カンソン》さん

◆国籍選択と日本社会の多様化

ここ数年、定住外国人への地方参政権問題が議論になっている。地域社会で一定の義務を果たしているのに、地域行政の決定過程になんら関与できないのでは永住外国人に疎外意識が生じよう。ただ、「要求すべきは参政権より国籍選択権」（鄭大均『在日韓国人の終焉』文春新書、二〇〇一年）と主張する意見も説得力がある。鄭大均《ていたいきん》さん（首都大学東京教授）は同書で、「在日韓国人は『永住外国人』などという宙ぶらりんな存在としてよりは、日本国籍を取得して、この社会のフル・メンバーとして生きていけばいい」とも書いている。「日本人と『在日』の共生のために」といった情緒的な部分だけでとらえるべきではないとも思うようになった。

「在日コリアン」といった場合、日本に居住する韓国籍または朝鮮籍の特別永住者（植民地政策によって終戦前から引き続き本邦に在留している者とその子孫）を指すのが一般的である。法務省入国管理局の『平成二〇年版在留外国人統計』によれば、二〇〇七年末現在、韓国・朝鮮籍（韓国籍と朝鮮籍の別は発表されていない）の特別永住者は、四二万六二〇七人である。これとは別に、日本国籍に帰化した元韓国・朝鮮籍の人を「コリア系日本人」という。帰化者は毎年一万人程度いるが、米国や中国に居住するコリアンの大多数がその居住国の国籍を取得する傾向にあることと比べると、その数は少ない。韓国・朝鮮籍にとどまるのは、「日本国籍への帰化は民族への裏切り」といった声が在日コリアン社会に根強くあった点、外国籍を維持しても生活上で大きな不便がない点、帰化条件として日本式の苗字への改名が求められた点（現在は緩和）などが、その理由とされる。

国民国家の体制が当面は続く以上、権利と義務で内外人が完全に同一にはなり得ない。日本国籍取得で参政権はもとより、国籍の枠にとらわれないで「コリア系日本人」としてさまざまな社会進出を果たすべきではないかとも思う。五〇年、一〇〇年先を考えた場合、五世、六世、七世といった「在日」が外国籍のままで生きるのは、社会の中で正直に言って酷だと思う。

「『コリア系日本人』の誕生が、日本社会の多文化化、多民族化の契機になりうる」（鄭大均、前掲書）という提言に、参政権付与の賛否、帰化の賛否を超えて、耳を傾けるべきではないかと思う。

つまり、日本国籍だからといって、生粋の大和民族だけという発想を持つ必要がない。すでにサッカーのJリーグで活躍する選手は、日本国籍を持っていても、多民族化している。さまざまな肌の色、目の色、髪の色の人が、日本人として活躍してもらったほうが、日本社会が多様化するように思う。

◆ノンフィクション『越境人たち　六月の祭り』

このようなことを考えている時、『越境人たち　六月の祭り』（集英社、二〇〇三年）というノンフィクションを読んだ。著者は在日コリアンのルポライター・姜誠《カンソン》さんだ。姜誠さんは、国籍選択ではなく、社会統合の必要性をたびたび論じている。

「六月の祭り」とは、二〇〇二年の日韓共催W杯が開かれた月を意味し、その期間に展開された定住外国人ボランティアの組織から活躍までの話である。

これを発案、呼びかけ、組織、実行したのが姜誠さん自身で、ボランティアへの登録数は三〇か国五五〇人（一八言語に対応）にまで膨らんだ。母語が日本語のオールドタイマー（渡来

姜誠さん。1957年、山口県生まれ。早稲田大学卒業後、ライターとして、さまざまな社会問題を雑誌等で扱ってきた

して長い期間を経た人とその子孫）、近年急増する日系ブラジル人などのニューカマー、日本人を配偶者に持つ混成世帯など、ここに参加した定住外国人は幅が広い。

当初、W杯を前にして、定住外国人たちのボランティア（通訳、情報提供、国際イベント実施、救護）をある地方自治体に申し出たところ、あまり芳しい反応がなかった。

「通訳や案内のボランティアを買って出ようという外国人を地域の人的資源として考えて、それを生かそうという度量がどうしてないんですか」

「あ〜あ、ボランティアをしたいだけなのに、何でこんなにややこしいんですかあ？」

これは、ある二人のボランティア登録者が、自治体との交渉後に漏らした言葉である。

ボランティアといえば、需要も多く、善意の意思さえあれば、すぐにでもできるような気がする。ところが、一部の地方自治体、公的団体、民族団体、鉄道会社などの無理解で壁にぶちあたることの連続だったという。「はっきり言って、迷惑なんです」「そもそもあなた方は日本語をしゃべれるんですか？」といった心ない発言も浴びせられ、衝撃を受けたという内容も同書にはある。財政的な支援を受けるべく企業などにも東奔西走するが、これもままならない。

地方自治体の芳しくない反応などは、縦割り行政的な日本社会の問題点を端的に現しているものだろう。この本には小回りがききにくい社会構造と葛藤する彼らのエピソードがふんだんにある。

◆日本社会の欠陥と素晴らしさ――「人の絆」とは

ただ、排外的な日本社会への在日コリアンによる批判の書ではけっしてない。むしろ多様な日本社会の素晴らしさも再認識できるノンフィクションでもある。しかも、定住外国人とは対極にあるとみなしがちな官の側にも人間的な人が多いこともわかる。

たとえば、姜誠さんに対して「このボランティアを、おまえがやればいいじゃない」とそそのかしたのは財務省と出版社にいる二人の日本人だ。事務所を無償で提供してくれたのは在日コリアンの映画プロデューサー、業界団体への寄付要請に同行してくれたのは警察庁の知人と、日系ブラジル人のサッカー解説者・セルジオ越後さんだった。顧問就任を快諾したのは日本サッカー協会の幹部であり、何かと親身になってくれたのは埼玉県と横浜市の役人だ。日本に住むさまざまな外国人の様子も生き生きと描かれている。この本は、「開高健ノンフィクション賞優秀賞」を受賞した。

「この本は、在日問題を書きたかったわけではないんです。トランスナショナル、つまり越境と、社会統合に関してなんです。在日ブラジル人などの多くは、地域社会とうまくいっていないのですが、役立ちたいとも思っている。ボランティアにかかわった人からは、社会に対して代弁をしてくれたと喜ばれました」

姜誠さんと新宿の喫茶店で会ったら、こう話していた。ボランティアを通じての願いは、「**自治体と外国人の間に確かなネットワークを築きたいということだった**」とこの本には書いてある。W

杯の後、この点は進歩があったのかどうかを、聞いてみた。

「**自治体との間でできた人間関係で、たとえばイベントなどで定住外国人へ声をかけてくれるような場合ができました。孤立して暮らしている身としてはうれしいでしょうね。一方、定住外国人住民を招いての諮問会議などが開かれても、それが行政に反映されているかどうかは疑問です**」

姜誠さんは、「**グローバリゼーションの対抗軸として、偏狭なナショナリズムが台頭するのは、社会統合にとって望ましくないですね**」とも言う。

姜誠さんの本には、W杯のボランティアとは直接は関係がないエピソードも多い。「虐げられた在日像」が書かれているわけではないが、下関出身の姜誠さんが七〇年代末の東京で大学生活を送る初日、朝鮮人であることを理由に下宿先の確保で苦労したというエピソードが書いてある。たまたま立ち寄った喫茶店の店主が、「俺が保証人だ」と知り合いの不動産屋に直談判してアパートを借りてくれ、姜誠さんは「涙がポロポロ」になったそうだ。

この本の最終章で、姜誠さんは「**このボランティアで僕らが得たものは『人の絆』という三文字だった**」と書いている。「W杯の定住外国人ボランティアという途方もないプロジェクト」であれ、外国人としての下宿探しであれ、この三文字が一番大切だというわけである。「**その絆さえあれば、人は多文化共生という新しい人と人のつながりを築いていける**」と言う。ともすれば楽観的な主張も「経験者」だから言えることなのだろう。

（基本取材は二〇〇三年二月）

5 ハワイで活躍する韓人女性たち

孫慶淑《ソンギョンスク》さん／李在仙《イジェソン》さん／李徳姫《イドッキ》さん／張桂純《チャンケスン》さん

◆ハワイの韓人商店主

会議でハワイへ行った時のことだ。ホノルルの空港で非常にびっくりしたことがあった。通関審査をする白人の係官が韓国語をペラペラ喋っていたのだ。成田空港でソウルから来た韓国人の会議参加者三名と合流し、一緒に行動していたので、筆者もその係官に当たったのだが、韓国語で冗談も連発していた。それだけ韓国人旅行者もハワイを訪問するから、こうした要員がいるのだろう。日本人である筆者が、その白人係官と韓国語でやりとりする光景を他の韓国人は不思議そうに見ていた。

韓国語は朝鮮半島へ行った時だけに役立つ時代ではない。韓国人の世界進出が増すほどに、使い

孫慶淑さん

途が増えてくるということか。

ところで、ハワイには韓国人観光客だけでなく、移民した韓国人、あるいはビジネスのため駐在している韓国人も多い。

日本人観光客にも有名なアラモアナ・ショッピングセンター近くのケエアウモク通り沿いには、ハングル文字の看板を掲げるお店が随所に見える。コリアン・タウンと呼ぶには小さすぎるが、韓国人経営の飲食店や商店がホノルル市内で最も集まっている地域である。韓国の有名メーカーの看板がある文房具店に入ってみた。

韓国製事務用品のほか、マシマロなどの韓国の人気キャラクター商品が店頭に並んでいる。夫とこの店を経営する孫慶淑《ソンギョンスク》さん（四七）は、「**こうしたキャラクター商品を見て、最初は日本製かと思いました**」と言う。孫慶淑さんは一九七二年に移民して来たそうで、当時は韓国でこのようなキャラクター商品が開発されるとは想像もできなかったと言いたげであった。「**日本人のお客さんも来ます。日本人には良い印象を持っています**」とも言っていた。ホノルルの韓国人社会について話を向けると、「**私も一六歳でハワイにやって来た時は、言葉がまったく理解できずに苦労しました**」と述懐してくれた。

ワイキキの中心部にあるインターナショナル・マーケットに店を出す人も多くが韓国人移民だ。おそらく韓国人移民の一人ひとりにいろいろな思いがあるだろう。

◆在ハワイ韓人は約三万人

「一九〇三年一月一三日の朝、ハワイはホノルルのある港に一〇二人の韓人を乗せた船が着いた。これが最初の組織的な韓人移民であり、ハワイにおける韓人コミュニティのはじまりであった。成人男性五六人、成人女性二一人、子供二五人からなるこの集団が、その後二年半にわたり約七五〇〇人の移民が二五隻の船でやってくる韓人移民第一波の皮切りであった」（Wayne Patterson. *THE ILSE: First Generation Korean Immigrants in Hawaii, 1903–1973*. Honolulu: University of Hawaii Press and Center for Korean Studies, University of Hawaii, 2000.）

これは、パターソンという米国の学者がハワイにおける韓人（Korean という意味で「韓人」という表現が多く使われる）移民について書いた本の冒頭である。到着した移民はこのあと農園で働くのだが、この本のタイトルの英文ＩＬＳＥとは「일세（一世）」、つまり韓人移民の一世という意味なのだ。

一九〇三年が韓人移民一世のやって来たはじまりというから、二〇〇三年がちょうど一〇〇周年だった。一〇〇周年の当日にあたる同年一月一三日にホノルルで米韓両国の要人が多数出席する記

李在仙さん

念式典が大々的に開催されるなど、ハワイでは「韓人移民一〇〇周年」の関連行事がたくさん行われた。

　ハワイには韓国人移民がどれだけいるのか。米連邦センサス調査では、二〇〇〇年が二万三五三七人（ハワイ州全人口一二一万余人の一・九パーセント）で、混血まで含めると四万一三五二人である（『中央日報（ハワイ版）』二〇〇三年四月一七日付）。二〇〇六年の同調査でも、二万八二三人だから、ここ数年の大きな変化はない（『韓国日報（ハワイ版）』二〇〇七年九月一五日付）。

　ハワイ居住の韓人の事情を知りたくて、ときどき、韓国紙のハワイ版をインターネットで読む。日本でその記事をよく読んでいた『中央日報（ハワイ版）』の李《イ》在仙《ジェソン》記者（三四）に会った。李在仙記者は、社会ネタの記事のほか、「移民一〇〇年史を輝かす人々」という連載記事を書いてきた。

「三万人前後と思われるハワイの韓人のうち、韓国語を理解するのは半数程度です。ハワイ生まれのハワイ育ちである三世は韓国語を解さない人がほとんどなのです。人口比から言っても、コリアン・コミュニティーはロサンゼルスのようにパワーがあるとは、必ずしも言えません」

一世の場合、英語が苦手なため、韓人同士だけで集まる傾向があるものの、多民族によるハワイ社会そのものが異民族同士の和合でうまくいっており、他の民族との摩擦はないそうだ。米本土では韓人社会内部の世代対立があるが、「ハワイではありません」とのことだった。

李在仙さんに紹介してもらった、米州韓人移民一〇〇周年記念事業会ハワイ地区委員会の李徳姫《イドッキ》副会長（六一）にも聞いたところ、「ハワイにおいて、韓人と日系の移民対立はほとんどありません」と言っていた。李徳姫さんはハワイ大学でも教鞭をとる、韓人移民史の研究家であり、ご自身も村林さんという日系三世と結婚し、英文名がDuk Hee Murabayashiである。

また、最近では「二世、三世によるメインストリーム（主流）への進出」が目立ち、ホノルル市の大法院長、教育局長、警察局長などには韓人が就任したとも教えてくれた。ただ、李徳姫さんは、「小規模の観光産業に従事する韓人が多く、観光客の増減が生活を左右しがちです。また、雇用の機会が多い米本土への人口移動も増えています」と、韓人社会の問題点を挙げていた。

一方、李在仙さん本人は、ハワイ出身でなく釜山《プサン》出身であり、移民のためにハワイへ来たのでもない。実姉がホノルルにいることもあって、一九九九年から来て記者として働いている。「記事は韓国語で書くし、取材対象者も韓国語の話者が中心なので、仕事で使う言葉は七〇パーセントが韓国語で、三〇パーセントが英語です」という彼女は、この仕事に満足しているという。海外で活躍するキャリアウーマンといった感じなのだが、Eメールを通じて突然連絡してきた面識のない日本人にとても親切にしてくれてありがたかった。

2人の娘さんに囲まれた張桂純さん

◆日韓の激動期を生きたおばあさん

筆者が出席した会議は英語だけのアメリカン・スタイルで、会議の合間の食事も洋モノが中心だった。食事に飽きてしまい、韓国人研究者数名と「韓国料理でも食べたい」とワイキキの街に出た。

そのうちの一人が「まるで日本のようだ！」と冗談を言うほど、日本人観光客向けの商店や飲食店がワイキキには多い。「銀座園」という名の韓国料理店に入った。スタッフはすべて韓国人だが、「**お客の九〇パーセントが日本人**」と店員は韓国語で言っていた。若い店員は注文を受ける程度の日本語ができるようだったが、店頭に座っていた品のいいおばあさんはネイティブ・スピーカーのような日本語を喋っていた。

一緒に来た韓国人研究者同士がおしゃべりしている間に、そのおばあさんと話してみた。張桂純さんとおっしゃる。

「若い時、東京にいたのです。昭和八年に浅草で生まれて、昭和二五年まで南千住に住みました。戦争中、埼玉県の春日部や杉戸に疎開しました」

したがって、お話を伺った当時は七〇歳になり、一七歳まで日本で育ったことになる。戦争経験も語ってくれた。お父さまが日本の大手新聞社の記者であったが、一九五〇年三月に韓国へ家族皆で帰国した。「**母国といっても、言葉が通じず苦労しました**」という。さらに、同年六月には朝鮮戦争が勃発したので、帰国のタイミングを悔いもしたが、「**運命だから仕方がない**」と思ったそうだ。戦争後は、ソウルで日本語学校の講師をした。

「**日本時代は玉山桂子という名もあったんです**」と教えてくれた。なぜ今はハワイにいるかと言えば、長女と次女がハワイに嫁ぎ、この店を成功させているためで、「一緒に住もう」と親孝行の娘さんから最近呼ばれたという。

張桂純さんとのわずか数分の会話は、ハワイという思わぬ場所で、戦前から戦後にかけての日韓関係史の縮図を垣間見たような思いだった。

日韓関係と朝鮮半島の激動の歴史に翻弄された張桂純さんはハワイで悠々自適な生活を娘たちと送っている。この店が日本人観光客を主な対象としているだけに、ここでも日本との縁は切れそうもない。

なお、帰国後、張桂純さんのことについて書いた雑誌の小文を送ったら、達筆で大変に丁寧な日本語による礼状が来た。昔気質の良さを感じた。Eメールよりも、エアメールがうれしい。

（基本取材は二〇〇三年四月）

6 ロサンゼルスの韓人移民

林鍾完《イムジョンワン》さん／尹国憲《ユンクックホン》さん

◆二〇〇万人を超える在米韓人移民

ハワイだけでなく、米国全土には韓国からの移民がとても多い。韓国や北朝鮮では、「在米同胞」や「在米僑胞」と呼ばれているが（韓国の漢字表記では「米」でなく「美」）、「在米韓人」という客観化された表現もある。

一九六〇年代以降、韓国から米国への移民の流れは特に顕著であった。米移民帰化局（USCIS）の統計によれば、一九六一年から二〇〇三年までの韓人移民数は八五万二三〇〇人に達する。一〇年単位で見ると一九八一〜九〇年の時期が最多の三三万三七四六人であり、全世界から米国への全移民者数の四・五パーセントに相当した。近年では年間で一万〜二万人程度の移民が韓国からやって来るが、米国への全移民者数の約二パーセントである。これらの移民者（死亡者を除く）とその後に米国で生まれた家族などを含めると、全米の韓人人口は二〇一万六九九一人（二〇〇七年五月）と韓国の外交通商部は推計している。二〇〇〇年の米国国勢調査（センサス）では、定義の仕方によるのか、その人口を一〇七万六八七二人としている。

◆在ロスの旅行会社役員・林鍾完さん

韓人人口が約五〇万人とも言われ米国の中で最も多く、世界で最大のコリアン・タウンがある都市はロサンゼルスである。ここで韓人社会で活躍する人々と会った。

ＬＡ亜洲観光理事の林鍾完《イムジョンワン》さん（四五）を、コリアン・タウンにある事務所に訪ねた。米国内あるいは海外へ旅行するロサンゼルス在住の韓人と本国からロサンゼルスを訪れる韓国人旅行者のそれぞれにサービスするツアーの企画と管理を担当されている。米国生活は航空会社勤務時代の一九八七年からだ。翌年から米国で旅行業界入りした。

八七年当時、ロサンゼルスの韓人社会は成長過程にあったが、「**一九九二年四月が韓人社会にとって大きな転換期だった**」と言う。それはロサンゼルス暴動のことである。飲酒運転容疑の黒人に暴行した白人警官四人が無罪判決を受けたことに黒人社会が反発、コリアン・タウンなどで放火や略奪などの暴動が一気に拡大した事件だ。韓人の被害者が多かった。

林鍾完さん

「韓人社会は大打撃だったのですが、アイデンティティを見つめなおす契機になりました。一・五世（親に連れられて移民してきた世代）や二世は親に対する理解が足りなかったが、韓国での地位を棄ててまでやって来たその気持ちがわかるようになりました。それまで韓人社会には求心力が希薄でした。暴動後、医師や弁護士の会ができたり、米政界への政治的要望もするようになりました」

林鍾完さんは、移民の故郷訪問に添乗するなどで韓国へ行くこともある。「子供の時に育った思い出があるので懐かしい気持ちになる」とも語る。日韓関係についても聞いた。

「日本語を学びましたし、航空会社時代に東京勤務経験もあります。四年ほどいたハワイでも多くの日本人の友人がおりました。日本語ができる両親のような旧世代のほうが韓日間で共通点があるような気がすることがあります。いまの日本人は海外旅行へはたくさん行くのに、周辺国についてあまり知識がない。やや閉鎖的な感じを受けます。韓日間で若者などがお互いに話し合うチャンスがもっとできればよいと思います」

◆韓国語放送局ラジオコリア幹部・尹国憲《ユンクックホン》さん

先に紹介した暴動の際、その模様を韓国語でリアルタイムに報道して、「韓人社会の安全と韓人の生命と財産を守った」と評されているラジオコリアという放送局がロサンゼルスにある。同放送局で社会部記者を務め、現在は出版事業局長の尹国憲さん（四九）と会った。

尹国憲さんは一九九一年に移民した。この間、ここの韓人社会が大きく成長してきたという視点は林鍾完さんと同様である。尹国憲さんは言う。

「数字的にも言えます。たとえば、当社の広告売上額（年間）は一九九一年に二五万ドルでしたが、二〇〇四年には六〇万ドルとなり、それだけ韓人社会の規模が拡大したわけです。韓人のビジネスは、韓人社会だけを対象、すべての米国人を対象、両方を対象の三つに分かれます。韓国経済とも密接な関係があり、一九九七年に韓国が通貨危機に陥ると移民が増えて、ここの経済にも少なくない影響がありました」

韓人社会の言語生活に関しても、おもしろい話を聞いた。

「若い人は家庭以外では英語を使う場合が多いので、ラジオコリアも放送の一部を英語でやったことがあります。でもすぐにやめました。若者はテレビ中心でラジオそのものをよく聞く世代ではないのです」

日本についても聞いてみた。

尹国憲さん

「父が日本で学校を出たので親近感はあります。こちらに来て近所に親しい日系人もいます。ただ日本社会の一部には、周辺国との関係で憂慮すべき動きもありますね」

在米韓人社会でも、日韓関係の発展に関心を寄せる人は多い。米西海岸から日本は太平洋の遥か向こう側なのだが、ロサンゼルスのコリアン・タウンに身を置くと、善くも悪くも、太平洋というよりも、玄界灘の広さ程度のすぐ向こうに日本があるように感じてしまうことがあった。

（基本取材は二〇〇五年三月）

【第五章】メディアの人々

1 「韓国は日本人にとって『異同感』の対象です」

産経新聞ソウル支局長　黒田《くろだ》勝弘《かつひろ》さん

◆異質さの再確認

「韓国および韓国人の一見の印象は日本に大そう似ているため、とりあえず同質性に気が安まり、そこからたえず日本との比較が行われます。しかし実は異質なのだとわかったとき、日本との比較からくる批評はナンセンスに近くなります。この本はわれわれと彼らとの異質さの確認作業ともいえます」

朝鮮半島のことを勉強し始めた頃、「はしがき」にこんなことが書かれた本を手にして、強い影響を受けた。当時、共同通信社ソウル支局長だった黒田勝弘さんが書いた『韓国社会を見つめて—似て非なるもの』（亜紀書房、一九八三年・徳間文庫、一九八七年）である。八〇年代前半の日本における韓国報道は、政治的な話題が中心であっただけに、ソウルの日本人特派員が著した「似て非なるもの」が副題の韓国文化論はとても新鮮であった。

同書が刊行されて二〇年以上の歳月が流れた。著者の黒田さんはその後、四〇冊近い韓国関連の本を著している。産経新聞社ソウル支局長である黒田さんに、韓国文化論を大いに語ってもらった。

◆街はクリーンになったが、ことばの美しさが後退

——韓国とのかかわりはいつからですか。

黒田勝弘さん。1941 年、大阪生まれ。京都大学経済学部卒業後、共同通信社入社。89 年より産経新聞ソウル支局長に就任（写真提供：福田恵介さん）

共同通信社会部記者時代の一九七一年、夏休みを利用して一週間ほど訪韓したのが最初です。二度めは七七年で、取材で一か月ほど釜山《プサン》の民家に滞在しました。「アジア住み込み取材シリーズ・韓国編」というのをぼくが企画して、会社がＯＫしたんです。この企画は、釜山が最初で最後の「シリーズ」でしたけれど（笑）。

——ことばはいつから学んだのですか。ま

たソウル駐在の経緯は。

釜山の民家滞在では가나다라《カナタラ》程度（日本語で言う「あかさたな」に相当）はわかったのですが、意思疎通ができるようになりたいと思って、一九七八年三月から一年間、会社の研修制度を利用して、ソウルに語学留学しました。研修を終えてから半年後の七九年一一月に再びソウルに渡って、同一〇月の朴正熙大統領死去後の韓国を翌八〇年二月まで取材したんです。同年九月にはソウル支局長として八四年一〇月まで赴任しました。その後、産経新聞社に移って、八九年一月から同ソウル支局長として勤務しています。

――そうすると初訪韓から今年で三〇年以上に及びますね。この間、韓国社会の何が変わったと思いますか。

第一に、クリーンになった、言い換えると水と紙の消費がすごく増えたことです。水を、日本では「流れているもの」と思い込んでいましたが、韓国とかかわり始めた頃、「止まっているもの」であることもわかりました。当時の韓国は汲み水が中心で、飲む時も、洗う時も、溜まっている水を汲んで使いました。今の韓国は蛇口をひねれば水が流れるという社会になりました。

第二に、韓国の男が優男《やさおとこ》に変わったことです。ワイルドでなく、ソフトになった。

第三に、若い女性のマナーが悪くなったことです。以前は伝統的な秩序意識が美しくもあった。これが失われたうえ、現代的なマナーが確立されてもいないですね。

第四に、ことばの美しさが後退した点です。第三点とも関連するのですが、若い女性のことば遣いが良くない。반말《パンマル》といわれるぞんざいな文末表現が多い。これはテレビドラマのなかの若い男女の会話で、女性も있어《イッソ》（ある）、없어《オプソ》（ない）、빨리《ハルリ》 해《ヘ》（早くしな）、가《カ》（行け）、와《ワ》（来い）、먹어《モゴ》（食べな）のように使っている場面が多いことの影響ではないか。文末に一言「요《ヨ》」を付けるだけで、있어요《イッソヨ》（ありますよ）、없어요《オプソヨ》（ないわよ）、빨리《ハルリ》 해요《ヘヨ》（早くしてね）、가요《カヨ》（行って）、와요《ワヨ》（来て）、먹어요《モゴヨ》（食べて）のように美しい響きになるのにね。

◆これほど刺激的で、因縁のある国はない

——黒田さんは自らの著書などで「韓国病」患者を自称しておられますが、なぜこの病気（？）にかかっていると思いますか。

日本人にとって、これほど刺激的な外国はないということが原因だと思います。刺激的ということは、飽きないということ。ジャーナリストだから、ウォッチャーという意味では限りない興味の対象です。そして、日本人にとって一番因縁の深い国といえます。韓国にとっての近代が日本支配であったこともさることながら、千年、二千年の文化的因縁、人種的因縁、政治的因縁がある。その因縁は遺伝子、ＤＮＡまでさかのぼる。こうした刺激やおもしろさは他のどこの国との関係にもないんですね。

このような関係を意味するものとして、ぼくが考えたのは「異同感」ということばです。韓国は日本人にとって「異同感」の対象であるということです。同じだと思ったら異なる、異なると思ったら同じ面がある。これがぼくにとって魅力です。おそらく、韓国人サイドにとっても、日本が「異同感」の対象だと思う。「異同感」が織りなす驚き、不可思議さ、疑問、賛同、反発が魅力なんですね。

——黒田さんは六〇歳過ぎですから、在ソウル日本人の할아버지《ハラボジ》（おじいさん）として、韓国の若者をどう評価されますか。

할아버지《ハラボジ》はないでしょ。아저씨《アジョシ》（おじさん）くらいにしてください（笑）。若者との日常的なつきあいはないのだけれども、昨年から西江《ソガン》大学で教壇にも立っています。その経験から言うと、日本の若者と比べると、純な感じがする。素直というか、教授の前では礼儀も正しい。たとえば地下鉄に乗ると、ぼくは席を譲られるのはイヤなのだけれども、ドア付近に立っていても、座っていた若者がそばにやって来て、袖を引っ張るように席を譲られてしまうことがある。九〇パーセントが若い男性で、その意味では伝統的なマナーが維持されていると言えます。日本人の若者は気恥ずかしさもあってやらない。学内では、聴講している学生が、すれ違うと会釈して、師弟関係もハッキリしていてうれしいわな。

ただ、問題点として、韓国人男性と付き合ったことがある日本人女性がよく言うのは、男がマザコンというか、親離れできない面があることですね。街で母親の手を引いている息子の姿は麗しくもあるが、「母か、妻か」という選択の場合、どうなってしまうのかと思う。韓国の男は強そうで弱いという一面でもあるね。また、絶対的な血縁の強さや情は、社会の不正につながる場合もある。

◆昼飯、午後のお茶、晩飯での取材が大切な情報源

——二〇年以上もの韓国での特派員生活ですが、取材源などこの間に変化などありましたか。

韓国のマスコミ事情は、この二〇年間で大きく変わりました。八〇年代前半までは韓国の言論が統制されていたため、公開情報だけでは世の中の様子がよくわからなかった。そのため、自分でいろいろな取材をして情報を得るようにしました。大変な苦労をしましたが、記者にとっては生きがいがあった。それが、八〇年代末からの言論の自由化によって、公開情報だけでほぼ韓国の様子がわかるようになりました。新聞や放送に接していれば、韓国の動向がつかめる安心な社会になりましたが、特派員活動としては面白みがなくなりました。われわれが得る情報の七〇～八〇パーセントが公開的メディアでカバーできるものです。

——具体的に黒田さんのソウル特派員生活の一日はどんな様子なんですか。

朝六時に起きて、自宅で購読している朝刊五紙に二時間くらいかけて目を通し、その日のニュース状況を頭に入れてから出勤します。本を書いたり、本を読んだりするのも午前中です。公開メデ

ィアからではないプラスアルファの情報収集は、昼食時、午後のお茶の時間帯、晩飯時に人と話しながらということになります。

韓国は非常に人的接触が多い社会ですね。人脈社会というか、ネットワーク社会というか。だから人々との付き合いが忙しい。接触を求めての電話、支局への突然の来訪者、「お茶飲みましょう」のお誘い、ネタ持ち込みなどなど。これらの応対の後、朝刊向けに書く原稿を夕方五時から七時の間に済ませて、オフィスを出る毎日です。

◆韓国人のしゃべり方を真似するのが語学上達のコツ

——黒田さんはソウル特派員の中で最もことばが流暢なわけですが、韓国語を学習する人たちにアドバイスでもあればお願いします。

日本語を母語にする人にとって、最も難しいのは発音でしょうが、なかでもㅋ（k）、ㅌ（t）、ㅍ（p）、ㅊ（ch）などの激音です。これをいかにスムーズに出すかがポイントだと思います。特に、ソフトな物言いの日本女性には激音が難しい。ぼくは初学から二〇年以上も経っているけれど、いまでも激音は意識して使っています。だからくり返し練習してほしいですね。

それから、具体的にこんなエピソードがあります。ぼくは七〇年代の留学時代、延世《ヨンセ》大学のある新村に住んでいたのですが、タクシーに乗って、新村（신촌《シンチョン》）と言ったつもりでも、市庁（시청《シチョン》）

へ連れて行かれてしまった。これはぼくだけでなく、ほかの日本人留学生たちも同じ経験をしています。これはまず、ㄴ（n）の音が出ないことと、조（cho）と처（cheo）の音の区別、つまり오（o）の発音ができていないことに原因があるわけです。오とか우（u）ははっきり口を突き出して発音しろということですね。ある日、韓国のガールフレンドにこのことを話したら、「신촌の촌を長くして発音しなさい」と言われた。そこで촌を「チョーン」と伸ばして発音したら、劇的に通じるようになりました。「オーン」と発音することによって、ㄴもきれいに舌が口の上につくし、오もはっきり出るようになった。

――なるほど、それはおもしろいですね。「村」の촌は長母音ですからね。他にどんなアドバイスがありますか。

短文だけだと韓国人になった気分にならないので、なるべく文をつなげてしゃべるようにしたいものです。そんな時に便利なのが、～는데《ヌンデ》（～だけど）です。하는데《ハヌンデ》（するけれど）、있는데《インヌンデ》（あるけれど）、없는데《オンヌンデ》（ないけれど）とやって、その後に文をつなげていく。これがやれるとうまくなったような気がします。

次に、韓国人のしゃべり方を真似ることですね。たとえば、電話で「私ですが」と言う時、男ならば「オレだけど」「私だけど」といった感じで난데《ナンデ》、女なら전데《チョンデ》요とやっている。電話や会話に耳を傾けて、「韓国人はああいう言い方をするのか」と真似するんです。また「あのぉ、そのぉ」

に相当する、저《チョ》、그《ク》、とか、話題を変える時に言う「ところで」に相当する、저《チョ》、그런데《クロンデ》なんかも真似して使うと、韓国人になったような気分になる。こんなことばはもっと早く教室や講座で教えてほしいですね。それから、僕は日本から来たお客さんには、「아이고《アイゴ》」(喜怒哀楽を表す感嘆詞。「あら」「ああ」)を使えば「気分はもう韓国人」といっています。「아이고《アイゴ》」は、悲しい時だけでなく喜怒哀楽どんな時でも使えます。ちょっとした感嘆詞でしょっちゅう言えばいいですからね。

◆いろいろな「引き出し」を韓国に持とう

――日韓間ではいろいろな誤解が生じることがあります。たとえば、日本側がまったく意図していないことを、韓国側が懐疑的にとらえることなどです。逆もあります。こうした誤解を解く鍵は何だと思いますか。

これまでの日韓関係は、日本側が韓国側を理解することが友好・親善の基本なんだと思われてきました。なぜならば、「韓国が歴史的被害者で、弱者であるから、日本が韓国を理解しなければならない」という考えがあったからです。しかし、これでは一方的な理解に過ぎず、相互理解にはなりません。また、現在の韓国はけっして弱者ではありません。日本の立場や日本人の考え方も、韓国側にハッキリと伝えることも大切です。その過程でケンカもあるかもしれない。「認識が一致しないのはおかしい」という主張もあるが、ある意味では一致しないほうが当たり前の場合もあります。二〇年以上も韓国で特派員生活をするなかで感じるのは、意図的なものを含め韓国人の日本への誤解も相当なものだということです。韓国人に日本のこと、日本の立場を理解してもらうことも必要だと思います。

——なぜ黒田さんはこんなに長く韓国にいることができるのですか。

一言でいうと、いろんな意味でひどい目にあったことがないということです。韓国社会というか、韓国人にそれなりによくしてもらっているからです。

——最後に、韓国を知るうえで参考になる一言をお願いします。

ぼく自身の過ごし方として、ある国ある民族を理解しようとする時、できるだけたくさんの「引き出し」を持つべきだと思います。政治の引き出し、経済の引き出し、文化の引き出し、生活の引き出し、風景など自然の引き出し、人間の引き出し……。「引き出し」をたくさん持っていれば、イヤなことがあってもとことんイヤにはならず、長く付き合えるのではないでしょうか。

（インタビューは二〇〇三年七月）

＊　＊　＊

黒田さんというと、国際報道に顕著な貢献のあった記者などに贈られる「ボーン・上田記念国際記者賞」を受賞されていることからも、政治記事の執筆が多いような印象がある。ところが、韓国の文化論が大好きなのだ。政治の「引き出し」からよりも、文化の「引き出し」からの話をしてもらうほうが目が輝いている。時には辛口の韓国批判もあるのだが、それは韓国と韓国人に限りない好奇心を持ち、「異同感」を楽しんでいるからなのだと思う。

このインタビュー後も黒田さんとはたびたび会って、いろいろなことを教えて頂いている。興味の尽きない話を披露してくれるだけでなく、その話し方がぐっと人を引き込む。

そして、黒田さんが立派なところは、決して逃げたりおもねったりしないところだ。黒田さんのことを、韓国の一部では「極右」という人がいる。歴史認識問題などで、韓国人の支配的な意見とは異にする論を述べることが多いからだ。韓国で黒田さんが講演会やパネルディスカッションで発言しているのを何度か見たことがある。ある時、パネラーのひとりである韓国の国会議員からかなり感情的な言い方で反論されていたが、逃げることはなかった。

おもねらないからこそ、韓国社会で信用を得て、太い人脈があるのではないか。しかも、黒田さんの韓国に関する「引き出し」は多様で中身も正確だ。

日韓交流において、お互いが相手に対しておもねらず、かつ豊かで正確な知識を持つことは、容易なようで、なかなか難しい。「日本人にとって、これほど刺激的な外国はない」と、黒田さんは韓国のことを言う。韓国・韓国人との付き合いで、日本人にはそんな姿勢こそ大切だと思う。

2 韓国・朝鮮本を書く人・編集する人・売る人

東京新聞　城内康伸《しろうちやすのぶ》さん／東洋経済新報社　福田《ふくだ》恵介《けいすけ》さん／
書店主　宮川《みやがわ》　淳《じゅん》さん

◆タブーを取材した『シルミド――「実尾島事件」の真実』

筆者が好きな新聞記者の一人に城内康伸さん（一九六二年生まれ）がいる。城内さんは、東京新聞（中日新聞東京本社）に勤務している。特ダネが多い記者だが、ノンフィクション本も出している。その一冊に『シルミド――「実尾島事件」の真実』（二〇〇四年、宝島社）がある。日本でも封切りされ話題となった韓国映画『ＳＩＬＭＩＤＯ――シルミド』は有名だが、同書は、映画の原作本でもなければ、小説でもない。それどころか映画で「シルミド」が騒がれる以前から隠れた現代史を発掘しようと取材してきた記録である。

シルミドとは何か。朝鮮半島西側の黄海上に浮かぶ島の名前である。漢字で実尾島と書くが、ハングル表記を発音のままカタカナで記したのが「シルミド」だ。単なる地名なのだが、地名以上の響きがある。同書のサブタイトルに付いている、いわゆる「実尾島事件」のためである。この事件は、実尾島で秘密裏に訓練を受けていた特殊部隊が同島から脱出して一九七一年八月二三日に起こした反乱事件である。

日本人の著者が三〇年以上も前の事件にどう興味をもったのか。なぜ本にしたのか。城内さんは次のように説明する。

城内康伸さん

「かつて韓国から北朝鮮へ工作員が送られていた実態を調査した報告書が、二〇〇〇年一〇月に韓国の国会議員によって出されました。『北派工作員』というのですが、このことばの響きにナゾめいたものを感じました。冷戦時代、韓国人が南北の軍事境界線を越えて、工作活動を北でやっていたわけです。入手した報告書を読んだり、インターネットで検索するうちに、実尾島事件を知りました。反乱者は北の金日成主席を暗殺するための特攻隊員たちでした」

韓国人は、北朝鮮からの工作員が韓国に潜伏してきたことを以前からよく知っている。学校の道徳教育でも学ぶし、彼らが逮捕されれば大きく報じられてきた。一方、その逆、つまり韓国から北朝鮮へ工作員が派遣されているかはっきりはわからないのだが、「国家安保のために韓国も北で諜報活動をやっているに違いない」と、多くの韓国人が頭の中で思ってきた。ところが、軍事政権下の韓国では、超一級の国家機密に属するようなことを、表立って質問する人もいないし、マスメディアも問題提起する内容ではなかった。もしそんな報道をすれば、利敵行為を理由に、国家保安法という法律で罰せられたであろう。

実際は、同じ民族の南北が相互に工作員を送って、熾烈な諜報・破壊活動を行ってきたのだから、民族の悲劇としか言いようがない。

城内さんは、一九九三年から九六年、二〇〇〇年一一月から〇三年一〇月までの二度にわたって同紙のソウル特派員を務めた。こんなことも言う。

「ソウル特派員業務の一つは北朝鮮の公式見解を報道・分析することですが、触感に乏しい仕事なんです。取材を通じて、証言を積み重ねて記事化することこそが記者です。ソウル支局長としての任務も残りわずかで、きちっとまとまったものを書きたかった。韓国マスコミでもタブー視されてきた実尾島事件は、取材対象としてうってつけでした。反乱事件は工作員の自爆で幕を閉じたのですが、これも南北分断の悲劇です」

◆取材の鍵は「誠意」

実尾島事件は、なぜ韓国マスコミでタブー視されてきたのか。城内さんは続ける。

「ずっと封印されてきた事件ですが、知っている人は知っている事件でした。特に、ジャーナリストは、書きたくても、情報機関と軍が絡んでいる事件であるだけに、民主化後もにらまれたくないため書けませんでした。大きかったのは、金大中政権の出現です。これまでの情報機関と軍の継続性がある程度弱まった政権ですから、取材が可能な環境となりました。一九九九年に『実尾島』という実話小説が出たほか、新聞に一～二ほど単発記事が書かれました。ただ、いざ動きだしてみると、私が外国人記者だからなのか、国防部に情報公開制度による関係公文の開示請求をしても、拒否されました。取材対象者もなかなかインタビューに応じてくれませんでした」

城内さんの本を開くと、ようやく探し当てた取材対象者の家へ出向いても「主人はいない。帰ってくれ」と居留守を使われたり、何度足を運んでも玄関で追い返された話が出てくる。接触した人は六〇名以上にもなり、「自慢できるお話でもないし、思い出したくもない」と拒まれつつも、数多くの証言を得たのは、「誠意を見せた説得」だったという。当時、拒まれてきた人に出した手紙の写しを見せてもらったが、「実尾島事件の悲しみ、過ちを二度と繰り返さないためにも、事実関係を検証することは極めて重要だと考えております」といった文面の丁寧なものである。

また証言を得るためには、城内さん自身の韓国語の語学力も欠かせなかった。語学学習の難しさを次のように言う。

「この言語には、固有語が中心となる一般会話のことば、漢字語が多くなるニュース原稿のこと

ばと、二種類あると思います。どちらにも力を入れるべきです」

城内さんからこんな話を聞いたのは、この本が出た直後だったが、その後、城内さんは二〇〇六年四月から二〇〇八年三月までの二年間、北京特派員として中国に赴任した。北朝鮮の核問題などを追いかけた。帰国されてから会って聞いてみると、「**東京やソウルと異なって、北京は取材の規制が多かった**」と言う。苦労も多かったそうだが、北京では駐在する韓国人とも大勢仲良くなった。韓国にいる時は実感できなかったが、次のように感じたと振り返る。

「**別の国から韓国と韓国人を見つめて、韓国人が大切な存在だと再認識しました。韓国人には人間味がある人が多いですし、何よりも中国とは異なり、日本と韓国は価値観を共有できる点がとても多い**」

城内さんには北京赴任前の東京勤務時からずっと温めながら、日常の記者生活の合間を縫って取材を続けているテーマがある。ある在日コリアンの生涯だ。きれいごとばかりでなく、闇の部分にも切り込もうとしている。「**その在日コリアンの生きざまを軸にして、日韓戦後裏面史にアプローチしています**」と語る。対象人物はもう故人だが、未亡人となった老婦人にも丹念に話を聞いている。これも城内さん一流の誠意を見せているのだろう。執筆はヤマ場を迎えているそうだ。出版を楽しみにしたい。

◆日本人の琴線に触れた「韓国ドラマ」の本

ところで、日本で出版される近年の韓国本は、どのようなものが売れているのだろうか。

「それはなんといっても韓国ドラマを扱ったものですね」と、大手出版社の編集者である福田恵介さん（一九六六年生まれ）は言う。

福田さんは、『会社四季報』や『週刊東洋経済』で有名な東洋経済新報社で韓国関係の本だけでも数十冊を手がけており、ご自身もジャーナリスト・フェローシップでソウルでの留学経験を持つ韓国通である。翻訳書も出版している。

一〇年ぐらい前までは、韓国に関する本の種類が現在ほどではなかったので、韓国に関心がある人は「韓国」と名が付いていればどんな本でも買う傾向があった。ところが、近年、韓国本が多種多様になったので、ずば抜けて売れるモノがなくなった。そんな状況のなかで、「韓国ドラマ」本は大健闘だと、福田さんは指摘する。

「言うまでもなく、NHKで放映の『冬のソナタ』が日本人の琴線に触れたからです。一般に、人間の本質を扱ったモノか、女性の心をつかんだモノが、ベストセラーになったわけです。韓国ドラマ本にはそうした要素があります」

韓国ドラマといえば、日本だけではなく、ベトナムなど東南アジアでも人気である。

ところで、韓国ではどんな日本関係の本が出ているのか。日本で出版されたビジネス本や実用書、ハウツー本などの翻訳本がとても多い。つまり、「日本だから」というよりも、普遍的な内容のものが売れているというわけだ。韓国の出版事情にも詳しい福田さんによれば、日本で出版される前の編集作業の段階で、翻訳権の相談が韓国から日本の出版社に寄せられるケースが多いという。

そんな日本からの翻訳本が人気のある理由を、**「韓国の生活水準が日本と同様になってきたからでしょう」**と福田さんは分析する。

たとえば、日韓両国は社会構造や制度が似ているから、人々が抱えるストレスも近いものがあり、そのストレスを解消するためのハウツー本などに、日韓両国が相通じるものがあってもおかしくないのだろう。

そういえば、日本の本屋の英語学習書コーナーには、韓国で出版された韓国人のための英語学習書の日本語訳が複数売られている。平積みにされているから、よく売れるのだろうが、これも日韓両国の言語が似ているから、英語学習の悩みにも相通じるものがあるということだろう。

福田恵介さん

◆東京の北朝鮮専門書店

「出版界の韓国ドラマ人気は、文字通りテレビの影響ですが、テ

レビとの相乗効果があまり発揮されないのは北朝鮮関連の本です」とも、福田さんは言っていた。北朝鮮モノの本は出ている種類は多いが、売れ筋のモノが少ないらしい。

つまり、韓国ドラマをテレビで見れば、「**あの俳優のこと、他のドラマのことをもっと知りたい**」と、それと関係する本を買う。ところが、いくらワイドショーなどで北朝鮮報道が繰り返されたとしても、それが過剰であるだけに、「テレビを見れば十分だ」と思ってしまうのかもしれない。

ただ、「**二〇〇二年九月一七日の小泉訪朝以降、一般のサラリーマン、主婦、学生の来客がうちの書店には急増しました**」と言うのは、東京・神田神保町にある「朝鮮専門書店レインボー通商」社長の宮川淳さん（一九五五年生まれ）である。一九九四年に店を構えた当初は、大学教員など研究者、図書館などが取引の中心であったが、翌年くらいからは北朝鮮グッズに関心を示すマニアがたくさん店に来るようになり、二〇〇二年以降は一般人というわけだ。

一九・五坪の店舗には、日中韓朝で発刊された北朝鮮関係の本が並び、北朝鮮音楽のCDも流れ、「**東京のなかでも、朝鮮の雰囲気が最も感じられる場所**」と宮川さんは自負する。〇八年八月、高知県にも書店の拠点を作った。

東京にはここ以外にも在日コリアンが経営する北朝鮮図書の専門店などがある。もちろん、韓国図書の専門店も東京や大阪に複数ある。韓国・朝鮮を研究する者にはなくてはならない場所だ。ところで、「こうした専門図書店をなぜ営業するのか」と問うと、宮川さんは「**日本と朝鮮の虹の架**

け橋としての貢献ができたらいい」ということであった。

韓国・朝鮮本を書く人も、編集する人も、売る人も、こういう気持ちがほとんどであると思う。読む人もそうであろう。

出版業界は不況だといわれる。出版科学研究所の推計によると、二〇〇七年の書籍・雑誌の販売金額は前年比三・一パーセント減で、その一〇年前と比べると約二〇パーセントも減った（『産経新聞』二〇〇八年七月三一日付）。その背景の一つにはインターネットの普及があるらしい。インターネットにある情報は多くが有益で、アクセスも手軽だ。それでも、本には本の良さがある。書く人、編集する人、売る人のこだわりも知ってほしい。筆者自身が、今、この本を書きながら、そう思う。

（基本取材は城内さんが二〇〇三年二月と〇八年六月、福田さん・宮川さんが〇四年三月）

宮川淳さん

3 地方発の放送界での「日韓共同作業」

鈴木《すずき》通代《みちよ》さんらＳＢＳ（静岡放送）ラジオスタッフの皆さん

◆ラジオと韓国・朝鮮

筆者は大のラジオファンである。韓国・朝鮮に関心を持ったのも、小・中学生時代から韓国や北朝鮮の国際放送（日本語）をラジオでよく聞いていた点が大きい。韓国語を習い始めた大学生時代からは、深夜になるとよく受信できる韓国と北朝鮮の国内放送を原語で連日のように聞くようになった。映像ではないだけに頭の中での「コリア・イメージ」がどんどん広がる毎日だった。

中年の仲間入りをしてからは、地元発信のＮＨＫと民放のラジオを聞く頻度が高くなった。マンションに住んでいるから、遠くの電波が入りにくいという事情もある。夜は、ＮＨＫラジオ第一放送の中高年向け番組「ラジオ深夜便」をイヤホンで聞きながら寝ることが多い。そして朝は、地元の民間放送ＳＢＳ（静岡放送）のラジオ番組を目覚まし代わりにして起き出すという毎日になった。目が覚めると、ＴＢＳラジオ（東京・赤坂）のスタジオから中継しているキャスター生島ヒロシさんの声、あるいはＳＢＳのアナウンサー澤木《さわき》久雄《ひさお》さんか鈴木《すずき》通代《みちよ》さんの声が、イヤホンから聞こえる。

ＳＢＳラジオは、その鈴木さんをパーソナリティにして、二〇〇五年五月に三時間ほどの生放送を韓国から行ったことがある。「猛烈昼下がり　アッパレ！　ハレハレ」という人気番組が、放送開始五周年の企画としてリスナー一〇〇人余りを引き連れて、ソウルにあるＫＢＳのスタジオから公開放送する形式であった。地方の民放が韓国から公開生放送をするのは珍しい。ラジオ好きの筆者は関心を持った。なぜ韓国からなのか。韓国側とはどんなやりとりがあったのか。この日韓の共同作業はうまくいったのか。この企画にかかわったＳＢＳの皆さんに語ってもらったことがある。

◆日韓間の外交関係悪化は番組制作に影響せず

――この企画はどのような背景から生まれたのですか。

佐野勝美さん（テレビ局長。当時はラジオ局次長）：二〇〇五年が戦後六〇周年ということもありましたが、韓国モノの企画やイベントをやってみたいという話が社内で前年秋くらいから持ち上がりました。韓国の放送局事情もわからないので手さぐりでした。韓流ブームという背景もありましたが、静岡のリスナーにも受け入れられるだろうという読みもありました。

——今年に入って日韓関係が悪化しましたが、中止しようとは思いませんでしたか。

佐野さん：こちら側からも、韓国側からも、そういう話はまったく出ませんでした。

鈴木通代さん（アナウンサー）：両国の関係悪化を理由にしたリスナーの韓国ツアーキャンセルもなかったです。予想よりもずっと多い一〇〇人以上の申し込みがありました。

——韓国側とのやりとりのなかで大変だったことはありますか。

竹内昭子さん（ラジオ局編成業務部。当時は同局ラジオ部）：私はKBSとの事前の折衝を主に担当し、先方とは英語によるEメールでのやりとりが中心でした。返信を頂くテンポがずれることが多かったです。また心配なことでも「大丈夫！」と言われてしまうケースもありました。もちろん一生懸命に協力して頂けて、結局はうまくいくのでありがたかったです。

鈴木さん：本番前にも訪韓したのですが、南大門への取材の際、眼鏡屋と土産物屋へ行こうとしたら、韓国人スタッフがその途中でいろいろなところを案内してくれました。「こんなところも見せたい」という熱意が伝わってきてうれしく思いましたね。

菊池勝さん（ラジオ局制作部。当時は同ラジオ部）：私は番組のディレクターですが、ことばがわからなくてもどかしい場面はありました。たとえばKBSのスタッフが忙しく動き始めた際、その理由がわかりませんでした。ことばが通じればアドバイスも可能だったかもしれません。

清水髙則さん（技術局次長）：技術面では紆《う》余《よ》曲《きょく》折《せつ》がありました。機材は先方から借りればよいと考えていたら、日本から持ち込むことになりました。事前訪韓で回線のテストをしようとしたら、初日は不調で何もできませんでした。韓国人コーディネーターは「テストが不調だった原因は韓国側の準備が十分でなかったからだ」と言い、ＫＢＳの担当の人はこの点を率直に詫びてくれました。翌日のテストはうまくいきましたし、放送当日のＫＢＳ側の対応は非常に親切で一生懸命でした。

（右から）鈴木通代さんと菊池勝さん
（右から）佐野勝美さん、清水髙則さん、竹内昭子さん

◆理解しあえばできることはたくさんある

――韓国側の対応で感心した点はどんなところですか。

鈴木さん：こちらのリクエストにはとことん応えようとしてくれる点ですね。

竹内さん：そうです。たとえばソウルと静岡のスタジオでやりとりするクロストークに備えた音声テストでは、「もう十分」というほど何度もチェックしてくれました。
菊池さん：一〇〇パーセント納得するまでやるという気概を感じました。おかげで音がクリアで「もっと音が悪いくらいのほうが海外からの放送らしい」という反応さえあったほどです。
――両国関係の悪化と関連して何か変わったことはありましたか。
鈴木さん：竹島問題の浮上などでゴタゴタがある時期だからこそ、お互いのことを知ることができるこういう機会は良いことだという声がリスナーからはありましたね。
菊池さん：ソウルの繁華街・明洞《ミョンドン》で日本に関する質問をソウル市民にしても、竹島問題などについて話す人は皆無でした。問題化している最中だったので覚悟していたのですが予想外でした。
鈴木さん：特に若者たちが日本の芸能人の名前等をよく知っており、日本を開放的とも言っているのに驚きました。また街頭インタビューであえて政治の話題を出すべきでないとのわきまえがあるとも感じました。お互いを知ることがとにかく大切ですね。
――韓国との共同作業を終えて、これをどう総括されていますか。
清水さん：放送終了後、ＫＢＳの技術担当者がＳＢＳのために最大限協力したと言っていました。放送前夜は眠れなかったとまで言っており素直に感謝したいと思います。韓国人は目標が決まれば妥協せずに進むパワーがすごいと感じました。逆にわれわれが韓国人に何かを納得してもらうにもパワーが必要だと思いました。理解しあえば放送に限らずお互いにできることはたくさんあると感じました。同業者意識も持てましたね。
竹内さん：夢に出てくるほど心配な面もあったのですが、やって良かったです。韓国側の臨機応変な対応も勉強になりました。たとえば、待ち時間の際、リスナーのツアー客を「ＫＢＳのお客さんでもある」と言って局内見学までさせて頂けたのは感激でした。
菊池さん：悪化した日韓関係の放送への悪影響を危惧した面もあったのですが、実際ソウルへ行ってみると、印象はまったく異なるものでした。韓国側の対応も素晴らしかった。番組の性格上、グルメなどを多く取り上げたが、制作者として今度は日韓間の問題や北朝鮮の問題も扱って、相互理解につなげてみたいですね。
鈴木さん：相互認識の重要性のほか、ことばは大事だなあと思いました。ハングルで안녕하세요《アンニョンハセヨ》（こんにちは）、맛이《マシ》있어요《イッソヨ》（おいしい）、건강하시고《コンガンハシゴ》……（健康でいらして……）とか、知っていることばを少し使うだけでも喜ばれて、心が通じ合いますね。

（座談会は二〇〇五年七月）

＊＊＊

放送終了後の KBS と SBS のスタッフ。誰が日本人か、韓国人かわからない。これが共同作業のおもしろさか？

お互いの良さと悪さがわかるプロセスが共同作業であり、これが両国関係の発展にもつながると筆者は常々思う。

『お笑い日韓決別宣言』（テリー伊藤・リュウ ヒジュン・金文学著、実業之日本社、二〇〇二年）という逆説的なタイトルの本で、テリー伊藤さんは次のように書いている。

「考えてもみてほしい。日韓は一〇〇の議論を重ねるよりも、ひとつの作品を共同でつくることを進めていくべきだ。（中略）そもそも『日韓友好』というけれど、そもそも友好なんていうものは、いくら友好について語っても話は進まないのである。たとえば、芸能界とかテレビの世界でもそれは同じだ。タレント同士がどこかで顔を合わせることがあっても、一緒に仕事をしていないと会話がなくなってしまう。一緒にレギュラーの仕事をしていると、仕事の話で盛り上がるし、『また、今度一緒にやろうよ』という話もできる。仕事が友好の媒体になっているからこそ仲良く話もできるのだ」

W杯の共催も、SBSラジオの試みも、まさに日韓による一緒の仕事、共同の作品であった。特に、東京発やソウル発ではない企画による共同作業は貴重だと思う。

4 日本の理解者だった、ある韓国人記者の訃報

朝鮮日報記者　李《イ》俊浩《ジュノ》さん

◆友人の死をインターネット上で知る

二〇〇一年初夏のことだ。久しぶりに訪韓することになった。ある学術調査の下調べが目的だった。『朝鮮日報』文化部の学術担当記者である友人李俊浩さん（一九六〇年生まれ）にも会って、この件で相談しようと思った。

韓国の知人とのアポイントはほとんどEメールで行っている。李俊浩さんとはその頃Eメールでやりとりをしていなかったので、『朝鮮日報』のホームページでアドレスを調べようとした。新聞記者の個別のEメール・アドレスはホームページ上から知ることができるので、文化部記者の一覧を見た。ところが彼の名前がない。「人事異動でもあったかな」と思って、社会部、経済部など他

の部署の名簿も見たがやはりなかった。

韓国の新聞記事はほとんどが記者の署名入りである。今度はホームページ上で彼が執筆したり、関与した記事を検索してみた。すると二〇〇〇年二月を最後に、彼が書いた記事がない。ところが、二〇〇〇年九月一八日に書かれた「本社李俊浩記者が別世」という見出しの記事がヒットした。目を疑った。「別世」とは字面の通り、「この世と別れる」の意味であり、「死ぬこと」の尊敬語、つまり逝去したということである。

この記事によれば、二〇〇〇年二月に直腸ガンの宣告を受け、九月一八日午後一二時四五分にソウルの病院にて享年四〇歳で死去した。一年近くも前に亡くなっていたとはショックだったし、病と闘っていたであろう時期を含めて友人と長く連絡もせずにいた不義理を悔いた。

こんな形で友人の死を知ることができたのはインターネットがあればこそで、しかも韓国のＩＴ（情報通信）環境の進歩ゆえなのだが、ディスプレーの中のハングルを見て涙を流すことになるとは、パソコンを立ち上げる前には想像すらしなかった。

◆冷静な日本論『富士山と大蔵省』を出版

「日本を知らなければならない。好きか嫌いかは次の問題だ。過去何年もの間、『日本観察』がブームになった。しかし残念ながら感情的な接近方法の域を出なかった。『日本叩き』の性格が強く、だんだんと日本という実体は遠くなってしまった。感情が強くなるほど相手は見えなくなる。このような傾向はけっしてためにならない」

「はじめに」にこう書かれた本をソウルの大型書店の新刊書コーナーで手にしたのは一九九七年六月であった。『富士山と大蔵省』（慶雲出版社）という一風変わったタイトルの日本滞在記で、この著者がまさに李俊浩さんだった。

李俊浩さんの『富士山と大蔵省』（左）と遺稿集

『日本はない』といった書名の本がベストセラーになってしばらく経った頃であったが、冷静な日本論を思わせる書き出しに驚いた。当時、ソウルに住んでいた私は、彼が勤務する新聞社に電話してコンタクトをとり、すぐに会うことができた。

李俊浩さんに会いたかった理由は他にもあった。彼の日本滞在は社命による研修で、一九九五年六月から一年間、静岡に派遣され、地元紙『静岡新聞』と同じ経営のSBS（静岡放送）に籍を置いたと著書に書いていたからだ。書名にも「富士山」が入っている。彼の本を読んだ頃、ちょうど筆者は静岡県立大学への赴任が決まり、一か月後に帰国が控えていた。

静岡には何の因縁もなかったので帰国してからの生活に不安を感じていた。日本人が韓国人に日本の地方都市の事情をあれこれ聞くのも変なのだが、「静岡情報」を彼から仕入れたいと思っていた。

初対面の日、私に役立ちそうな「静岡情報」（紹介できる知人の連絡先など）をリストアップしたワープロ打ちメモを持って来てくれたのを昨日のことのように覚えている。

◆対等なパートナーとしての親善を願った人たち

彼の著書に書かれた日本論はユニークだった。次のような視点である。

▼日本を理解する三つのキーワードは「根回し」「隠す」「横並び」だ
▼日本人の親切は「形式的親切」「商業主義的親切」「本当の親切」の三つに分かれる
▼日本を代表する交通手段は新幹線、電車、自転車だ
▼生活必需品中心の日本人の贈り物文化は簡素で良いし、出張帰りのお土産も情の表れだ
▼公民館の存在は最高の行政サービスだ
▼日本では日本語ができない外国人は永遠の異邦人だ
▼ゴミ行政、交通運賃体系、消費税など日常生活のルールが複雑だ

▼韓国と比べて国は豊かでも国民は貧しい
▼公共図書館のサービスが素晴らしい
▼日本人の「勉強会」好きは学ぶべきだ
▼発生前に地震の名前が付いている（＝東海地震）
▼先進国としての条件を備えている（「人に迷惑をかけるな」の教育、きれいな道やトイレ、環境第一の工事現場、厳守される秩序、親切なデパート店員）……

「日本はどんな国なのか。日本滞在中ずっと考えた。朝起きてから夜寝るまで、その問いは頭の中から離れなかった」という。それだけに体験と実証に基づいて語られていた。

ここで挙げられた視点の多くは、逆に言うと、韓国社会には欠如している点であるともいえる。たとえば、自転車の利用、簡素な贈り物、公民館の存在、公共図書館のサービス、勉強会の活用は、まだまだ韓国では未発達であったり、一般的ではない事柄だ。日本社会は、韓国人の映し鏡でもあるのだ。

ところで、彼の死を知った私はその初夏の訪韓で彼の遺族に会おうかどうか迷った。**「死から日が経っている。突然会いに行ったら奥さんと二人の娘さん（当時、一二歳と一三歳）は悲しみが蘇り、かえって慰労にならないのではないか」**と、忠告してくれた韓国の友人もいた。

それでも、友人を供養したい、遺族を慰労したいという気持ちは抑えられない。李俊浩さんと同じ職場にいる別の友人を通じて遺族に意向を聞いてもらったら、「**お会いしましょう**」ということになった。

異文化であっても故人を偲ぶことを嫌がる遺族はいない。未亡人の陸美姫《ユクミヒ》さんはヘアデザイナーとして経営するお店も忙しそうで、娘さん二人とともに気丈に暮らしているようだった。李俊浩さんの職場の労働組合が出版した遺稿集には、陸美姫さんが一日も休まず書いた闘病日誌が載っているがこれも涙を誘う。

「**二〇〇二年韓日両国はワールドカップを共同で開催する。歴史上初めて『近くて遠い国』が対等な立場で事業を行う。共に働くパートナーとしての韓国と日本、二一世紀のスタートを飾る象徴になる**」と李俊浩さんは著書に書いていた。

でも残念ながら、彼は二一世紀目前にこの世を去ってしまった。

二一世紀に入った早々の二〇〇一年一月、ＪＲ新大久保駅で転落した人を助けようとして亡くなった李秀賢さん（享年二六）という韓国人留学生も、日韓両国が真のパートナーになることを常に願っていたという。

若くして世を去った、隣国同士のあり方を真剣に考えた人は他にもいるかもしれない。故人たちの遺志を大切にしたい。

（基本取材は二〇〇一年七月）

5 「共同作業はお互いの刺激になります」

フジテレビ編成制作局ドラマ制作センター室長　本間《ほんま》欧彦《おうひこ》さん

◆日韓合作ドラマを手がけた名プロデューサー

二〇〇八年五月三〇日、ペ・ヨンジュンが一年一〇か月ぶりに来日し、関西空港に歓迎するファン三〇〇〇人が詰めかけた様子をテレビで見た。スポーツ紙は、「関西空港の人出としては、平成一八年九月の斎藤佑樹投手（当時早実）の一〇〇〇人を上回る最高記録。ヨン様は成田空港三五〇〇人、羽田空港五〇〇〇人の記録を持っており〝三冠〟を達成した」（『サンケイスポーツ』〇八年五月三一日付）と報じていた。

「ヨン様」ブームは、数年前がその頂点だったかもしれないが、三十数年前の「紅茶キノコブーム」のように、忘却の彼方にあるわけではない。韓流は、エンターテイメントの一つのジャンルとして確立したと言ってよいであろう。

日本における韓流は韓国ドラマが火付け役だった。大衆文化を制作する側にはどういう思いがあるのだろうか。「ヨン様」主演の「冬のソナタ」はNHKで放映されたが（〇三年にBS、〇四年に地上波）、民放も韓国ドラマを地上波で多く流したし、各局のBSでは多彩な作品を放映している。

とくに、フジテレビは「土曜ワイド・韓流アワー」という枠の中で、ドラマ「天国の階段」と韓国芸能情報「韓タメ！」などを放映した（〇四〜〇五年）。一方、ユンソナを起用した「ファイティングガール」（深田恭子主演、〇一年）、在日韓国人を主人公にした「東京湾景」（仲間由紀恵主演、〇四年）と「海峡を渡るバイオリン」（草彅剛主演、〇四年）を制作したのもフジテレビだ。そして、フジテレビは韓国のMBCテレビとの間で二本の日韓合作ドラマを手がけている。

日韓合作ドラマの制作で中心的に携わったのはフジテレビの名プロデューサーである本間欧彦さんだ。本間さんは「白線流し」（長瀬智也主演、一九九六年）や「スチュワーデス刑事」シリーズ（財前直見主演、一九九七〜二〇〇六年）などの人気ドラマを手がけたことで知られる。大衆文化

本間欧彦さん。1957年、札幌市出身。1980年に慶應義塾大学卒業後、フジテレビ入社。「訪韓回数は40回を超す」という

を制作して送り出す立場の本間さんに聞いてみた。

◆独自システムの日本と世界標準に近い韓国

——本間さんは、「ソナギ～雨上がりの殺意～」（米倉涼子主演、〇二年一一月）と「STAR'S ECHO～あなたに逢いたくて～」（中越典子主演、〇四年一月）という日韓合作の二作品をプロデュース、企画されました。どんな苦労がありましたか。

システムが日本はプロデューサー中心で、韓国はディレクター中心です。画面やフォーマット（たとえば韓国では番組中にCMが入らない）などの規格差、そして歴史認識などから派生する内容面の問題を解消するのにかなりの時間を要しました。「STAR'S ECHO」では番組スポンサーには自動車メーカーを入れないことで、韓国ドラマによく登場する交通事故のシーンも入れるようにしました。また、合作第一弾としてハリウッドを舞台にした「日韓の女優二人のダブル主演でコメディーを」と提案したのですが、韓国側が「時期尚早」と反応したので見送りました。

——そんな苦労があっても、合同制作をして得るものがありますか。

ドラマ制作は日本が先輩格ですが、それだけに日本独自のシステムが多すぎて柔軟性に欠ける面もあります。後発組である韓国のやり方のほうが世界標準に近く、いろいろ学ぶべきこともあるんです。また、韓国側はスタッフが俳優を手厚く配慮する日本のケア方法などにとても感心してくれ

本間さんがプロデュースした日韓共同ドラマ「ソナギ」のポスター（ソウルの放送見本市ブースで）

ますね。共同作業はお互いの刺激になります。

◆共同作業で「誤解が理解に、理解が友情に変わる」

——やり方が異なると、「もう一緒にやりたくない」というスタッフが出ませんか。

終わった直後はそういう人もいますが（笑）、しばらく経つとまた会いたくなるんですね。たしかにケンカ（？）になるようなこともあります。でもお互いにおもしろがるほうが強い。誤解が理解に、理解が友情に変わっていくような気がします。私はＭＢＣプロデューサーの崔昌旭《チェチャンウク》さんと意気投合しまして、「公共の電波を使っているからには、俳優をテレビ局が育てて世界市場の韓国映画に送り出すべし！」という彼の言葉にも感銘を受けました。

——「スチュワーデス刑事」シリーズなどの撮影をはじめ、世界各国を飛び歩いているようですが、韓国と韓国人にはマインドが合いますか。

ドラマは「心情と生活」を描くものですが、韓国人が持つ「心情と生活」こそ、私にはすごくピッタリします。産経新聞ソウル支局長の黒田勝弘さんが韓国を「異同感」とおっしゃっていますが（注：同じだと思ったら異なる、異なると思ったら同じ面があるという意味［本章第1節参照］）、**まさにこの言葉のような面で韓国から刺激を受けます。**

——これからも日韓合作を進めていくのですか。

二つ作りましたので、次の段階に入ったと思います。つまり「参加することに意義がある」みたいな「合作ありき」ではなく、作品としての評価も視聴率も高い「企画ありき」でなければいけないということです。少なくとも日韓を足して二で割ったら、どちらのドラマの特徴も削がれていたなんてことは避けなければなりません。「冬のソナタ」や「天国の階段」が大変な視聴率をとるように、日本の視聴者は合作ドラマを超えて、韓国ドラマそのものを楽しむほどになった。ですから、次に何を手がけるかを考慮中なんです。

（インタビューは二〇〇四年一一月）

＊　＊　＊

本間さんとはソウルで最初に会った。ある国際会議で同席して知り合い、終了後、ホテルのロビーで生ビールを片手に雑談させてもらった。すると、とても興味深い話ばかりだったので、インタビューに切り換えたのだ。

人気の俳優や有名人と常日頃、接している人なのだろうが、得意気に話すようなところがない。東京でもその後何度かお会いしたが、とてもざっくばらんな人だ。

大衆文化を考える時、ドラマであれば、演じる人とファン心理の関係、たとえば「ヨン様」と中高年女性を中心とする女性ファンだけに目を奪われがちである。本間さんの話を聞いていると、作っている側もそれなりに楽しんでいるのだなあということがわかった。

では、国と国という視点で大衆文化を見たらどうであろうか。国境を越えた大衆文化は、その受容国において、発信国に対するイメージを大きく変える潜在的な力がある。米国の政治学者ジョセフ・S・ナイは著書『ソフト・パワー』（邦訳：山岡洋一、日本経済新聞社、二〇〇四年）で次のように主張する。

「大衆文化を見下すのは間違いだ。大衆文化は、個人主義、消費者の選択など、政治的に重要な影響を及ぼす価値観に関するイメージやメッセージをそうとは意識されない形で伝えることが少なくないからだ」

ある国の大衆文化への接触経験がある人のほうが、ない人よりも、その国に対する親近感の度合いが高いことは、いくつかの研究結果で明らかになっている。つまり、大衆文化接触と対象国への親近感には相関関係がある。

ただ、ある国の大衆文化に接触しても、政治・外交面でその国のシンパを作り出すかどうかはわからない。結論を言えば、対象国への宥和的な態度を形成するわけではない。ある国への態度は、さまざまな要素が合わさって形成されるのだから当然である。同時に、政治・外交関係の悪化が必ずしも大衆文化接触に影響を及ぼすとは言えない。

国際関係における大衆文化の役割を、過大評価してもいけないし、過小評価してもいけないと、筆者は思う。

【第六章】往来する人々

1 批判的な議論からでも始めてみよう

静岡県立大学と東西大学の学生たち、他の皆さん

◆双方が感じる相手国のナショナリズム

いささか長い引用となるが、日本と韓国の大学生がナショナリズムについて討論した際の発言の一部を紹介したい。

「本来ナショナリズムは閉鎖的で排他的な面を持っていますが、韓国のそれはその側面が非常に強いように思います。たとえば、日本海の名称をめぐって韓国は東海《トンヘ》にすべきであると声高に主張しています。東海という名称の方が日本海という名称よりも数年古いといった意見や、海の名前にある一つの国の名前がついているのはおかしい、といった意見が出ているようですが、そこまで韓国が日本海という名称を嫌がるのは、ただ単に自分の国の横にある海の名前に「日本」という名前

がついていることが気に食わないだけなのではないかという感じがして、なにか冷静さを失っている気がします。そしてそこには、日本以外に日本海に面している国、ロシアのことなどまったく考慮に入れられていません。これは非常に排他的ではないでしょうか」（日本側学生）

「アジアの周辺国家は『日本のイラク派兵』が単純な外交的な次元の問題だけではなく、日本が軍事国家に回帰しようとする動きではないかという恐れのなかでこれを注視していました。ナショナリズムが日本の社会的な流れとなり、ナショナリズムを通したタカ派たちの政治的な動きは、日本の過去の国家主義へのつながりではないだろうかと憂いを生んでいます。日本の知識人はこのようなアジアの周辺国家の反応が大げさだと言っていますが、日本の現在のナショナリズムは軍事国家だった頃の日本を彷彿とさせ、アジア周辺の国家の不安をもっと高潮させています」（韓国側学生）

◆外国語でも積極的に発言する韓国学生

年に一度、ゼミ生を連れて韓国の大学と「合同ゼミ」なるものをやっている。ゼミを持つようになった一九九九年から毎年一一月に訪韓して、欠かさずやっている。あるテーマを決めて事前に文献を読んできて議論するのだが、古くからの友人が勤務する釜山《プサン》の東西《トンソ》大学と行うことが多い。

二〇〇三年の合同ゼミでは、日本学について学ぶ同大の学生との間でナショナリズムを材料に行った。冒頭に紹介した「日本側学生」とは内藤竜臣君（二二）ら静岡県立大学小針ゼミ生が合同で作成した東西大学の学生への基調スピーチの一部であり、後者が東西大生の裵《ペ》貴《キ》得《ドゥク》さん（二五）から静岡県立大生に向けてのものである。

日韓両国の若者が、相手国で垣間見えるナショナリズムをどう見ているのかが一つのポイントであった。日本の学生は韓国のナショナリズムを日韓関係のなかで「閉鎖的、排他的」ととらえている。一方、韓国側は日本のそれを「軍事国家への回帰」と結びつけている。この二つの見解は、両国のマスメディアが報道する「韓国像」「日本像」のネガティブな側面の典型と言える。

日本側の主張に対して他の出席者から次のような異論が出た。

「『日本海』という名称こそ（他の沿岸国を無視した）排他的な名称ではないでしょうか」（金《キム》阿《ア》凜《ルム》さん、二五）

「独島《トクト》も突然、日本のものだと言い出して、竹島になった。一つを守らないと奪われてしまいます」（梁相承《ヤンサンスン》君、二八）

日本側からは韓国側発言への直接的な異論表明を避ける傾向がある。東西大学の日本語学科学生の日本語は驚くほど流暢だ。だから、日本語で討論させてもらったのだが、韓国人にとっては外国語である。それでも、日本語ネイティブの日本側学生よりも、韓国側学生のほうが積極的に発言するからおもしろい。韓国側学生が討論などでの自己表現力があるということか、あるいはナショナリズムに関して教育の場などで議論慣れしているということなのか。

財団法人日韓文化交流基金の岩本《いわもと》高明《たかあき》さんは、次のように指摘する。

「日本の学生は、ああしたい、こうしたいと自分からハッキリと言わない。一方の韓国の学生はこの点はハッキリしており、困るくらいのときもあります。この点、日本の学生には困らないが、

合同ゼミでの討論の様子
発表する裵貴得さん（左）と宋在鎬君
（左から）宋在鎬君、金阿廩さん、梁相承君

岩本高明さん。1971年、福岡県生まれ。在韓国日本大使館に勤務の後、日韓文化交流基金職員

物足りなさを感じることもあります」

「日韓学術文化青少年交流事業」を両国政府は取り決めているが、その一環で双方の大学生を対象に「研修団」を毎年数回組んで相手国を訪問してもらっている。いずれも大学訪問やホームステイの日程があり、日本側では同基金が主管している。同基金職員として交流の現場を見つめてきた岩本さんは、日韓両国の大学生の交流に対する姿勢を熟知しているのだ。

それでも、二〇〇二年のW杯や過去の問題にも及んで、日本側も言うことは言う。

「W杯の開会式は韓国の伝統的な儀式のパフォーマンスのみに終始し、日本的な色彩は排除されたものでした」（日本側）

「それでは日本は閉会式の時はどうだったのですか」（韓国側）

「反日は韓国にとっては『元気の素』だ。教科書問題、靖国神社参拝問題、従軍慰安婦問題が浮上すると、韓国は『過去』を持ち出し、日本を叩くことによって、民族的な優位に浸り、快感を得てきました」（日本側）

「『元気の素』とか『快感を得る』とかの表現はおかしい。事実を指摘しているだけ」（韓国側）

日韓それぞれ一〇名程度が出席の円卓テーブルで行われた討論であったが、一瞬、「ちょっと言い過ぎかな」というムードさえ流れた壮絶なバトルでもあった。

◆刺激的な発言も「成熟度」があればこそ

ここに参加した日韓両国の学生は初対面であった。日韓交流は「友好」と「親善」を強調することから始まる場合もある。これも意味あることだろう。では、今回のようにお互いの問題点を指摘、批判しあうことから始まる出会いはどうであろうか。

「**良かったと思います。お互い胸の内では思っている問題なのだから、公の場でこうした議論をしてしまうことは大切です**」（竹内隆君、二三）

「**韓日関係を真剣に考えている学生同士ならば当然のことです**」（宋在鎬《ソンジェホ》君、二五）

日韓ともに肯定的な意見だ。この討論の直後と翌日に、日韓両大学の学生らの飲み会となったのだが、端から見たら実に良い雰囲気であった。日本の学生も韓国の学生と同様に、臆せず発言したからだと思う。

外交官の道上尚史《みちがみひさし》さんから、「**韓国人は、イヤな思いをすること、対立が表面化することを避けません**」と言うのを聞いたことがある。道上さんはジュネーブ、ソウルに勤務経験があり、激務の

道上尚史さん。1958 年、大阪生まれ。外務省入省後、ソウル大学、ハーバード大学で研修。経済局課長、内閣府参事官を経て、2007 年より在中国日本大使館公使

かたわら、アジア外交に関する著書や論考を発表してきた。著書『日本外交官、韓国奮闘記』（文春新書、二〇〇一年）でも、韓国人に関して次のように論評している。

「少なくとも日本人よりはイエス、ノーをはっきり言う。英語が十分でなくても、臆せず、精一杯自己表現をする。こう言うと、『自分こそ東洋的謙譲の美徳を体現している』と信じている韓国人には意外に聞こえるらしい。これは韓国人が気付かない韓国人像というべきかもしれない」

韓国人の姿勢すべてが日本よりも優れているとは到底思わないが、こうした点は韓国人から見習って、日本人も議論相手に対する「物言い」を強めてよいのではないか。これは、政治家などが自国民に向けてナショナリズムを刺激する発言をしたり、相手国を一方的に非難する言動とも質が異なると思う。

ところで、道上さんは二〇〇七年から在中国の日本大使館公使として、北京で勤務している。韓国と日本では大学講師を務めたこともあるので、若者事情にも詳しい。韓国と比較する意味で、中国の状況はどうかを聞いてみた。

「ソウルでは政治担当でしたが、北京では文化交流や青少年交流、メディアを担当しています。日本への厳しい目という共通項があるものの、中国の日本観は韓国とも違います。市民社会の発達した韓国の重要さを改めて感じます。北京五輪で、東アジア三か国がオリンピック開催を経験し、アジアが新しい段階に入ればと思います。中国の学生？　勉強ぶりはすごいですよ。日本も負けてほしくないですね」

韓国で日本人が公の場やメディアで「物言い」したいと思えばできるのも、言論の自由があってこそであり、それは市民社会の成熟度と関係がある。

日韓学生の昼間のホンネの討論、夜のホンネの飲み会を見ていると、市民社会の「成熟度」が感じとれる。相手に向けて刺激的な発言があっても、一気に話し合いが崩壊したり、飲み会の予定がキャンセルされたりするということは想像すらできない。

もちろん、日韓両大学生とも「相手の自国批判にも耳を傾けてみよう」という謙虚さ、「日韓関係は大切だ」という共通認識が少しでもあるからだと思う。

（基本取材は二〇〇三年一一月と二〇〇八年四月）

2 働くニッポン女性のそれぞれの韓国行き体験

企業勤務　堤《つつみ》由美子《ゆみこ》さん／図書館勤務　中西晴代《なかにしはるよ》さん

◆韓国人と比べて日本人は敏感か

「韓国はSARS（重症急性呼吸器症候群）とは無関係なのに、韓国旅行を計画していた多くの日本人がそれを取りやめました。日本の方々は敏感ですね」

二〇〇三年に中華圏を中心にSARSが大流行していた頃、名古屋に駐在する韓国人の旅行業界関係者の知人との雑談で出た話だ。SARSはアジアを中心とした人の流れに大きな影響を与えた。この年の日本人の海外出国数が最も落ち込んだのは五月で、前年同期比でマイナス五五・六パーセント（七一万一五七一人減、国際観光振興会調べ）にもなった。韓国人の海外出国幅が一番激しかった月も同じく五月であったが、前年同期比の減少率は三四・四パーセント（一八万八七三一人減、韓国観光公社調べ）だった。単純比較すると日本人のほうが韓国人よりも二〇ポイントも高い反応をしている。「日本の方々は敏感ですね」と韓国人が言うのは無理もない。

実は、日韓の政治・外交関係が悪化した場合、韓国人の訪日者数にはそれほど影響がないのに、日本人の訪韓者数は減少する傾向がある。二〇〇五年から〇六年にかけて、竹島や靖国問題で両国の外交関係が悪化した。この時期、韓国人の訪日者数は前年比で一〇パーセント増（〇五年）、二一・二パーセント増（〇六年）と増えた。ところが、日本人の訪日者数は前年比で〇・一パーセント減（〇五年）、四・一パーセント減（〇六年）とマイナスであった。

それでは、日韓の国民性が違うからこうした反応の差が出るのか。先の名古屋であった知人は、「**日本ではテレビのワイドショーがあって、SARSの話題なども『国際空港イコール危険地帯』を連想させる映像と一緒にしつこく報じる。韓国ではワイドショー型の報道がない。ワイドショーが日本人を敏感にさせた。マスコミの報道姿勢に問題があるのではないか**」と分析していた。たしかに、国民性だけで片づけてはいけない話なのかもしれない。日韓の外交関係が緊張すると、韓国人の抗議デモ隊がソウルの日本大使館前で日章旗に火をつけるシーンなどが、ワイドショーなどで反復報道される。こんな場面を見ていると韓国旅行を控えたくもなる。

◆【二〇〇三年が初訪韓】韓国は意外にも穏やかな国だった

二〇〇三年五月の日本人の海外出国者数が最も落ち込んだと書いたが、韓国行きだけに限ってみても前年同期比五一パーセント減もの下落幅だった。ただ、そうは言っても、この月に八万七〇三六人もの日本人が訪韓した。

生まれて初めての韓国訪問がこの時期だったという人と会う機会があった。東京都内の半導体関係メーカーに勤務する堤由美子さん（四二）である。国際会議に出席するためソウルへ行く大学教授の旦那さんに同行する旅だった。これまで韓国人との接触はほとんどなく、**「事前に韓国関係の本を読んで準備する余裕もありませんでした」**とも話す。

「地下鉄でお年寄りに座席を譲る若者には感心させられました」と、韓国旅行を経験した誰もが異口同音に述べることのほか、韓国人への印象を次のようにも語っていた。

「人々がもっとがなりあっているような想像をしていたが、そうではありませんでした。食堂でオーダーをする時も店の人は穏やかでした」

九〇年代前半から半ばにかけてソウルで過ごした筆者は、日本から遊びに来る知人らに「韓国人の印象は？」と質問した経験がたくさんある。「どこへ行っても韓国人はケンカしているみたいだ」といった返答が多かったので、堤さんの話は意外であった。

堤さんの場合、タイへは何度も旅行経験がある。そんなこともあってか、**「雑多な感じを期待し**

ていたが、ソウルはそうではありませんでした」と言う。

東南アジアの諸都市で見られるような、屋台や市場がもっと広がっているというイメージをソウルにも抱いていたようだ。仁川《インチョン》国際空港からソウル中心部への街並みは、これまで行ったことがある欧米の先進国の都市とあまり変わらない印象で、やや拍子抜けしたそうだ。

それでも、**「豚足を食べさせる大衆的な店の雰囲気が、ワイワイ言いながら食べる楽しさで満ちあふれ、何とも言えず良かったですね」**と強調する。

筆者はソウル時代、日本からの来訪者が女性だったら、「豚足を食べさせる大衆的な店」などへの案内を極力避けた。韓定食のフルコースを出す小ぎれいなレストランを案内しては喜ばれたものだが、堤さんはそんなレストランよりも「豚足店」に軍配を上げる。堤さんの個人的な好みなのか、日本人全体がそういう嗜好になったのか、あるいは初訪韓した一般の日本女性が入っても差し支えないほど韓国大衆店のホスピタリティが上昇したのか。どれかであろう。

韓国での生活経験者、一年に何度も訪韓する機会がある者にとって、初めて韓国旅行を経験した人の話をじっくり聞くと新しい発見がある。

堤由美子さん

ている女性もいる。

◆「一九八六年が初訪韓」「どこで何が起きるかわからない世界だった」

堤さんは二〇〇三年が初めての訪韓であったが、同じ世代でも二〇年も前から何度も韓国を訪れている女性もいる。

「一九八六年に二泊三日で友人と韓国旅行した際は、『何でそんなところへ行くの？』と、周りからいぶかしがられたし、ソウル行きの飛行機の中は男性ばかりでした」と語るのは、静岡県内の図書館に勤務する中西晴代さん（四四）だ。

韓国を訪れる日本人のうち女性の比率は、近年は過半数に肉薄しているが、中西さんが訪韓した一九八六年は一四・三パーセントに過ぎない（［図1］を参照）。

中西さんは、前年に開催された国際科学技術博覧会（科学万博 - つくば'85でコンパニオンの任務に就いて、開催期間の後半三か月間「韓国館」に配属された。これが韓国との初めての出会いだったが、あまり良い印象ではなかった。

「この配属にとても悩みました。韓国人の男性スタッフは無表情で会話がなく、韓国からコンパニオンとして選ばれてきた才媛たちは、頭を下げる仕事はしたくないと言って、仕事への考え方が私たちとは違って、なかなか互いに親しくなれませんでした」

それでも、万博終了後に韓国語の勉強を始めた。韓国旅行はここで知り合った韓国人との再会を兼ねていた。当時はグルメやショッピングを楽しむ観光の場ではなかったソウルの街を歩きながら、

図1　訪韓日本人の女性比率推移（%）
（韓国観光公社資料より作成。航空乗務員等は除いて計算）

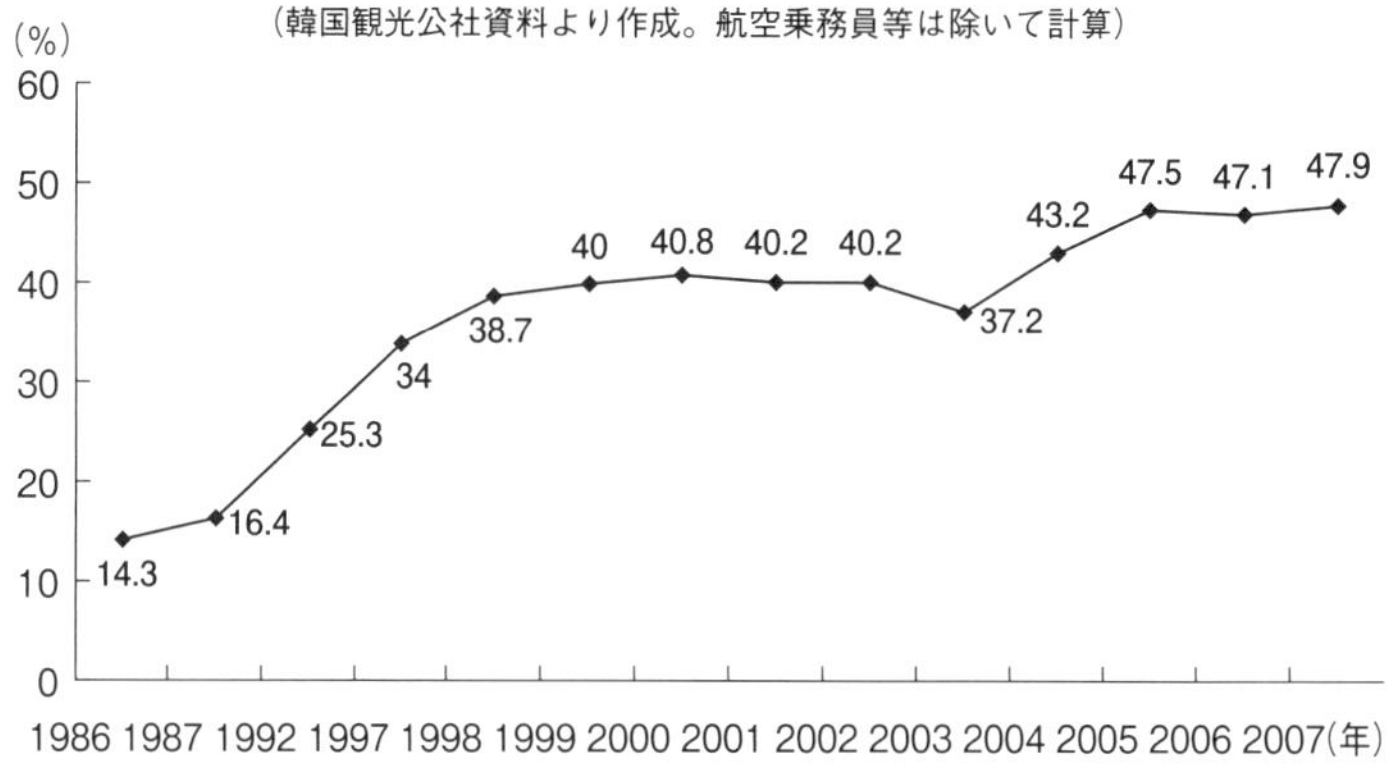

ふと「**わずか四〇年前、ここは日本の植民地だった。韓国人は日本人をどう思っているのか、通訳なしで直接彼らと話してみたい**」と思ったそうだ。帰国後、語学留学することを決めた。

一九八九年三月から九〇年八月までのソウル留学期間中の韓国は、スリや強盗、空き巣などの被害を、自分も含めて周囲でたくさん見て、「どこで何が起きるかわからない世界」と感じた。

昨今の韓国ドラマブームや、韓国観光ツアーについては、「まるで別世界」と評しつつ、「いつかこういう時代が来るべきだと思っていました」と話す。かつて「何でそんなところへ行くの?」と言った周囲の人たちからは、「**一緒に行こう**」とか「**韓国ドラマが聴き取れてうらやましいと言われる**」のだそうだ。

「豚足店」のエピソードでも触れたが、韓国が魅力ある国になった一方で、日本人も嗜好が変化してきたからこそ、

中西晴代さん

いまの韓国への日本人一般の親近感があるのだと思う。

実は、堤さんの知り合いにも、韓国に良い印象がなかったが、ドラマ「冬のソナタ」にハマって、印象を変えた女性がいるそうだ。堤さんは、北東アジアの国際政治が専攻の夫と韓国文化に関心を寄せる大学生の姪も持つのだが、「**今度は自分の足で韓国のあちこちを回りたい**」と言う。

中西さんは「**ソウルの澗松美術館**（http://homepage2.nifty.com/bcover/sanpo/Sanpo/kanson.html）**を広く日本人に知らせたい**」と言う。この美術館は植民地時代に日本人から買い戻した国宝級の書画や青磁などを多数収蔵していても、現在、その運営費への公的支援がゼロに等しいからだそうだ。

頑張って働く四〇代女性のお二人（お知り合い同士ではない）だが、韓国への関心やこだわりは、その出会い方と時代によってさまざまである。

（基本取材は二〇〇三年三月）

3 男と女の韓国人駐在員が見たそれぞれのニッポン

記者　李《イ》秉璿《ビョンソン》さん／通訳・翻訳家　李《イ》喜羅《ヒラ》さん

◆日韓関係における日本の「W杯効果」

日韓共催サッカー・ワールドカップ（W杯）は二〇〇二年に開催された。これを契機に、日韓間の理解は深まったのだろうか。

W杯直後の同年一〇月に、内閣府が実施した「外交に関する世論調査」によれば、「現在の日韓関係は良好だと思う」と答えた人は、それまでの過去最高の五八・三パーセント（前年同期四二パーセント）に達した。韓国に「親しみを感じる」人の割合もそれまでの過去最高五四・二パーセントと、前年同期比の三・九ポイント増であり、W杯の共催が決まった一九九六年は三五・八パーセントだったから、二〇ポイント近くも上昇した（［図2］を参照）。

特に、世代別に見ると二〇代や三〇代の韓国への親近感は強い。同調査によれば、当時、三〇代の場合、「親しみを感じる」が韓国に対しては六七パーセントにもなった（［図3］を参照）。これは対EU諸国（フランス、ドイツ、英国など）の五九・九パーセント、対中国の四七・二パーセントよりも高い。

［図3］を見るとおもしろいのは、二〇〇三年から〇四年にかけて三〇代、四〇代、五〇代の親近感の度合いが高まっていることだ。この時期に「冬ソナ」ブームで「ヨン様」のファンになった層と重なる。

いずれにしても、文化交流などを含めた「W杯効果」の日韓関係への影響はあったと見るべきであろう。

「二〇〇二年一月から一二月までの間に実施された両国間の交流事業は一三〇〇件にもなる」

こう教えてくれたのは、李喜羅《イヒラ》さん（一九七〇年生まれ）である。李喜羅さんは、外務省所管の特殊法人である国際交流基金（東京）の日韓文化交流連絡室で、W杯を挟んだ二〇〇一年から〇三年にかけて、専門員として働いていた。

同連絡室は、W杯の二〇〇二年を「日韓国民交流年」とすることが日韓閣僚懇談会で合意（一九九九年一〇月）されたのを受けて、翌年設置された。李喜羅さんは〇一年三月に着任したが、携わってきた交流事業を終え、〇三年六月ソウルに帰国した。

図2　日本人の対韓意識の推移
（1996−2007年、内閣府調査、標本数は各年とも3000人）

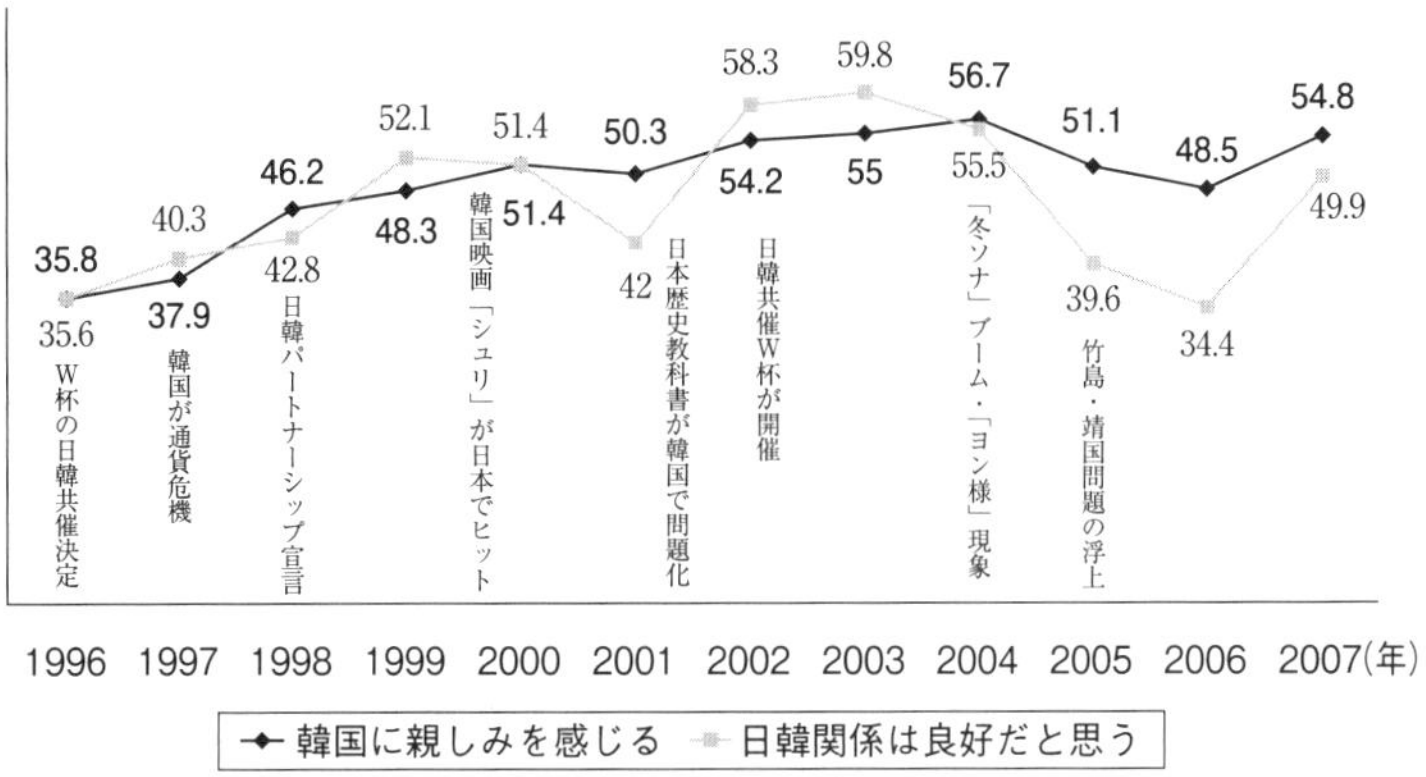

図3　世代別日本人の対韓親近感度の推移
（2000−07年、内閣府調査、標本数は各年とも3000人）

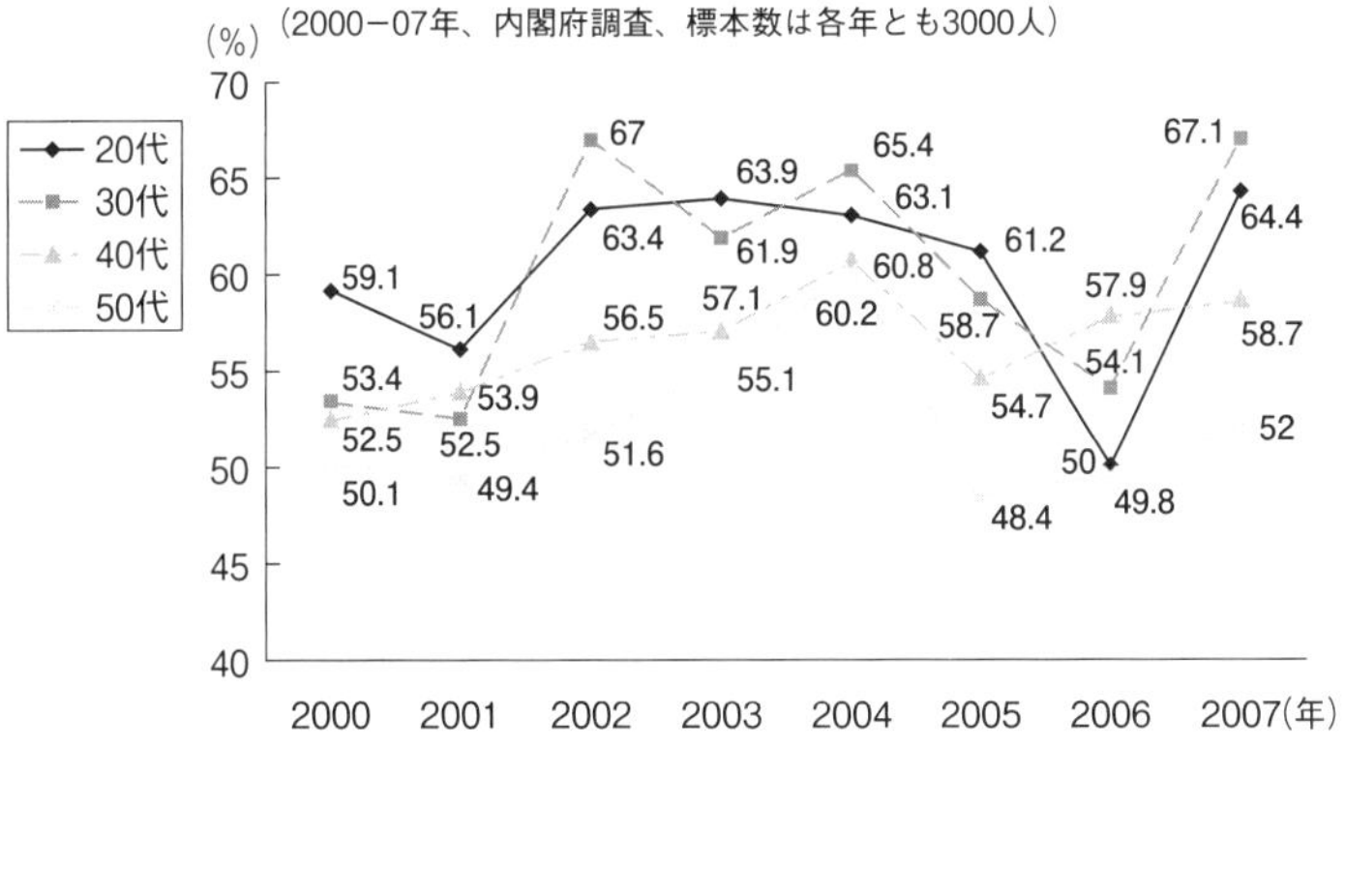

◆日本人の韓国認識は深まったか

「一九九八年四月から二〇〇一年二月までは鳥取県米子市の国際交流員でした。ソウル出身なので、**都会を見つめる地方の暮らしも体験できて視野が広くなったと思います**」

帰国間近の二〇〇三年四月に李喜羅さんと会った際、こう言っていた。

国際交流員（CIR：Coordinator for International Relations）とは、地方自治体の国際交流担当部局等で通訳・翻訳、外国語刊行物の編集・監修、国際人的交流への対応などに従事する職種である。日本政府の外国青年招請事業によるもので、国際交流員は米国、オーストラリア、英国、中国、韓国などからそれぞれ数十名来て、活躍している。

いわば半官半民的な立場で、しかも地方と東京で日韓の草の根交流に李喜羅さんはかかわったことになる。

「**官が舵を取って国民交流年が推進されてきたが、**民のレベルでのさまざまなきっかけ作りになってよかった。**何かを共同で実施するのも大事だが、日韓が顔を会わせる機会が多くなったことに意義がある**」

二〇〇二年の意味を李喜羅さんはこう総括する。当時、タレントの藤原紀香さんが日韓親善大使に任命されていたが、彼女にも会ったそうだ。「**有名人なのに気さくで素晴らしい**」が感想である。

一方、ちょうど同じ頃に、夕刊紙『文化日報』東京特派員として駐在した李秉瑢《イビョンソン》さん（一九六五年生まれ）は、二〇〇二年の意味を次のように分析していた。

「語学研修として日本に滞在し始めた一九九八年三月頃と、W杯が終わって半年以上経った二〇〇三年四月を比較すると、日本人の韓国認識はかなり変わりました」

たとえば、どんなことなのだろうか。

「韓国への無関心からソウル・東京間の距離感がわからない人がざらにいました。九八年当時、両首都の飛行機のフライト時間を、六時間以上もかかると思っていた大学生が周囲にいました。その後、誰でも二時間だと知るようになり、これもW杯効果だろうと思います。どこのスーパーマーケットへ行っても、直輸入キムチが買えるようにもなりましたね」

李喜羅さんは梨花女子大教育心理学科在学中に「新しいことを」と思って日本語を学び始めた。大学院では通訳・翻訳を専攻した

李喜羅さんも、次のように話す。

「九八年に来日した際、『韓国にもコーラがありますか』とか、『列車は走っていますか』とか聞かれて、虚しくなったことがあります」

もはや、そう思う日本人は少なくなっただろう。

◆北朝鮮報道への懸念と国際交流の前提

二〇〇二年という特別な年に前後して、変化しつつある日韓関係のなかで、交流事業や取材を通じてかかわってきた「二人の李さん」は、当時、どのような日本観を持って帰国したのだろうか。

李秉璿さんは学生運動家出身で、日本との初の出会いは意外なものだ。

「軍事政権下、発禁の政治文献が日本語ならば入手できました。これを読むために日本語を学んだのです」

高麗大学在学中から卒業後三年間ほど、あるきっかけで朝日新聞ソウル支局でも働いた。日本との偶然な出会いが続いた。

「仕事熱心な日本人の姿を見て、良い印象を持ちました。日本発展の原因がわかったようにも思いました」

ただ、日本で実際に住んでみると、素晴らしいところも感じたが、日本の「弱点」も目に入ってきた。次のようなことだった。

「日本のシステムが縦割りで、旧態依然としているように感じました。たとえば、帰国前に電話線を取り外す段で、それまでの料金を精算する手続きのためだけに、担当をたらい回しにされました。その際の電話会社職員の態度も曖昧でしたね」

李喜羅さんの場合は、日本で暮らし始めて二、三年を経てもショックを受けた経験がある。「帰化したらどうか」と言われたことだ。仕事で知り合った米子の地方議員や東京の不動産屋さんなどからであった。

「日本人としての優越感から言っているのか、特に何も考えずに言っているのか、国籍の重みを知らなくて言っているのか」

そう思ったそうだ。

李秉璿さんは妻と息子・娘（ともに小学生）と世田谷で暮らした。「教育競争が韓国よりも厳しくない日本体験は子供にも貴重だった」という

二〇〇三年に二人の李さんに東京で会った当時、「日本人と韓国人に言いたいことは何か」とそれぞれに聞いてみた。

李秉璿さんは北朝鮮に対する日本メディアの報道姿勢を指摘した。

「あの国の体制を批判するのは当然です。ただ、体制を批判する域を超えているように思います。北のテレビ番組などをおもしろおかしく扱って、そこに住んでいる人をバカにしているようにも感じました。もっと冷静に考えてほしい」

実は李秉璿さんこそは、〇二年九月一七日の小泉首相訪朝を、八月三〇日に誰よりも早くキャッチして、世界的な特ダネを書いた記者だ。それだけに、日朝関係の行方は人一倍気になるようだ。また、韓国人にも次のように冷静さを求めた。

「韓日間で問題が生じたとしても、韓国が無理な要求をしてもよい時代は終わったと知るべきだ」

もうひとり、李喜羅さんも交流事業にかかわってきただけに、手厳しい意見を両国民に持つ。まずは韓国人に対してだ。

「韓国人は日本に関心が強いことをもってして、日本を知っているつもりになっているように思います。日本を意識しているだけであって、それで日本を知っていることにはならないのです。個人的には、韓国にいたらわからなかった物の見方や、本を読んだだけでは理解不能な日本に対する知識も、持ちえるようになりました」

日本人の一部についても、次のように指摘した。

「年輩の人の中にはアジアとの交流事業において『してあげている』という意識があるように思うことがありました。『お世話してやった』という感覚では、対等な関係ではないし、負担になるような交流ならばやる必要はないですね。国際交流の前提を考えてほしい」

「ふたりの李さん」とも当時三〇代で、日本大衆文化が韓国で開放された一九九八年からW杯をまたぐ五年間日本に滞在した。「自分にとって日本は大切な国」と異口同音に言っていた。

◆帰国してからは日韓をどう見つめたか

二〇〇三年に帰国した「ふたりの李さん」とはEメールなどでたびたび連絡を取り合っている。〇八年に筆者がソウルへ出張した際、「ふたりの李さん」と会う機会があったので、帰国してからのこの五年間について聞いてみた。

李秉璿さんは『文化日報』の本社で国際部長に就任した後、〇六年二月に退職し、韓国のインターネット新聞『オーマイニュース』の副局長に転身した。李喜羅さんはプロの通訳・翻訳家として活動する一方、韓国外国語大学の通訳・翻訳大学院で講師も兼任している。

――帰国してから五年間の韓国社会は、以前と比べて、どう変わったと思いますか。

李秉璿さん：公共秩序や交通マナーが確実に向上したと思います。W杯の影響もあるのでしょう。その一方で、社会のダイナミズムは生きていると思うことが多いです。二〇〇四年に国会で議決された「大統領弾劾」に対する反対運動、〇八年の米国産牛肉輸入反対デモなどでの市民の動きを見ると、そう思います。

李喜羅さん：ストレス社会になったという印象です。精神的に苦しい人が増えたようです。格差社会の広がり、教育問題などが原因でしょう。経済成長は続いていて、生活の質は高まっているのでしょうが、「行け行けゴーゴー」で良いのかと思うことがあります。

――日本人と韓国人の相互認識、あるいは日韓交流の中身はどう変わりましたか。

李秉璿さん：韓国人にとって日本は特別な国だという意識、敵対視する意識が薄くなりました。日本における韓流ブームの効果が大きかった。日本人が韓国人をこんなに好むとは思わなかったからです。〇五年に両国間の外交関係が緊張しましたが、政府レベルの対立と、国民レベルの交流は別途であったように思います。何があっても日本人観光客が普通にソウルに来ています。帰国した際、子供が中一と小四でしたが、「日本帰り」でいじめにあうかと思ったら逆で、かえって日本のゲームやマンガの話題により人気者になりました。

李喜羅さん：韓国のマスコミやオピニオンリーダーらは、日本に対して感情にとらわれず、実益を追求する「実用主義」になりつつも、まだ反日的な論調の域を出ていない面があります。しかし、個々のレベルでは割り切って日本を見つめている。日本を自由に旅行したり、日本人の友人を作ったりしています。交流プログラムも多様になり、中学生が修学旅行で日本へ行くケースも増えています。善くも悪くも、交流でぶつかることはあるのでしょうが、交流の効果は出ると考えます。

（基本取材は二〇〇三年四月と二〇〇八年六月）

4 地下鉄大惨事の後に出会ったお年寄り

慶尚北道元教育委員　洪達欽《ホンダルフム》さんら

◆「7080」という日本語世代

「あなた、日本から来たのですかね？」。韓国でお年寄りからこんな声をかけられることがある。しかも、とても折り目正しい日本語でである。

韓国ではしばしば世代対立が話題となる。特に、2030といわれる二〇～三〇代と5060といわれる五〇～六〇代の世代間の認識ギャップが取り沙汰される。家族をめぐる価値観や外国に対する意識が世代によってかなり異なる。

折り目正しい日本語で日本人に話しかける世代は、5060よりさらに上の7080の世代である。七〇～八〇代は日本語を学ばされたジェネレーションだ。韓国出張中に京釜線でソウルから釜《プ》

洪達欽さん

山《サン》へ向かう際、大邱《テグ》で途中下車したのだが、七〇代の老人に道すがら**「あなた、日本から来たのですかね？」**と声をかけて頂いた。

二〇〇三年二月、大邱では地下鉄火災事故があり、三四〇名の死傷者を出す大惨事となった。ちょうどその直後に韓国出張があったので、大邱の街の様子を知りたかった。事故現場から至近の市民会館に犠牲者を弔う合同慰霊所があるのだが、筆者も「お焼香でも」と会館前をウロウロしていた。するとそのお年寄りからハングルで話しかけられ、会話のなかで「日本から来ました」と言ったら、その後は日本語で話し込んでしまった。どこか懐かしげに日本人に接してくるという感じであり、筆者自身も思わぬ場で耳にした日本語をとてもありがたく感じた。

日本は静岡から来たとも言うと、**「新幹線のひかり号は止まりますかな。のぞみ号はどうかな」**と言う。**「日本人は正直だから好きですよ」**というリップサービスもあった。日韓関係にとって、日本人の良い点も悪い点も心のひだで知っている７０８０世代は大切である。

このお年寄りの案内で、お焼香をあげ、記帳もすることができた。自身も三三歳の甥が犠牲になった遺族のひとりで、時間があればここで慰霊しているそうだ。

◆両親がヒロシマで被爆死、甥が地下鉄火災で犠牲に

このお年寄りは洪達欽《ホンダルフム》さんという。「一九二五年、日本の元号では大正一四年三月生まれです」とのことだから、お話しした当時七八歳である。「**ふだん日本語をしゃべる機会はあまりない**」と言うわりには、きれいな発音である。少年時代、広島に住んだことがあるからだ。「**広島に原子爆弾が落ちたのは知っているかな**」とも聞かれた。二〇歳で終戦を迎えた洪達欽さんは、広島の原爆投下でご両親を亡くしたそうだ。自身はちょうど広島の郊外に滞在していて、難を逃れたという。

大邱の地下鉄火災事故では、燃えた車両は一時、一〇〇〇度Cにも達した。「**日常生活の中で指の先がちょっとヤケドしただけでもつらいのに、車内で灰になってしまった甥っ子はいかばかりであったか**」と、しみじみ言う。遺骨も遺品も何も残っていない。「**悲しいことです**」を連発していた。両親は原爆の熱さに苦しみ、甥も一〇〇〇度Cの熱さに苦しんだ。あまりに不条理な巡り合わせに筆者が息を呑むと、「**運が悪いんですね。人間は一分一秒先のことすらわからないということですよ**」とサバサバと言った。「**運を天にまかせるしかない**」という日本語も印象的であった。

七年前まで慶尚北道《けいしょうほくどう》教育委員をやっていたということもあって、洪達欽さんは顔が広そうであった。市民会館のいたるところで、彼は人々から挨拶を受ける。「日本から弔問に来たお客さんだ」と筆者を紹介するのだが、日本からということで皆さんは恐縮してくれる。「顔が広い」はハングルで「足が広い」（발이 넓다《パリノルダ》）と言う。市民会館の中を歩きながら、この言葉の真意がわかったよ

事故があった中央路駅。煤がついた構内には犠牲者とみられる人の写真や地下鉄公社の責任を問うポスターが

うな気がした。

◆大惨事の後の心温まるボランティア活動

お焼香と記帳を終えた後に案内されたのは、市民会館を訪れる遺族らのために炊き出しをしている場所だった。洪達欽さんは「**私はもう済ませたけれど、ここで昼食でも召し上がって行きなさい**」と言う。

筆者がソウルに住んでいた九〇年代中頃、橋の崩落、大型デパートの崩落、地下鉄工事現場のガス爆発事故など、たいへんな犠牲者を出した大惨事が相次いだ。手抜き工事や無責任な安全管理体制が原因のほとんどであった。こうした状況の韓国社会を「安全不感症」と評する韓国のマスメディアは多い。

ただし、こうした大惨事の後、心温まる光景が必ずといってよいほど見られる。それはここで案内された炊き出しの場所などで汗を流すボランティアの人々の働きぶりだ。

洪達欽さんに案内されたテントでは、ある福祉団体に属するグループの主婦層が一生懸命に奉仕活動を行っていた。昼食をご馳走になりながら、ボランティアのひとりである白鶴仙《ペクハクソン》さん（四〇）

に話を聞くと、ここで奉仕活動に参加する仲間はもともとは心臓病の子供たちを支援する活動が中心で、キリスト教会が母体だという。

訪れた日は暖かだったが、野外テントだから、ここで一日中ボランティア活動をするのはけっして容易ではない。これについて、「**人に役立つことをやるのだから全然つらくないですね。時間交代で活動していますし**」と、白鶴仙さんは述べていた。

日本でも阪神淡路大震災（一九九五年）の際、多くのボランティアが活動し、当時、韓国のテレビニュースは「偉大な市民精神」と日本人を賞賛したのを筆者はよく記憶している。大邱の地下鉄火災事故は日本のメディアも大きく取り上げたが、どちらかというと東京の地下鉄でも発生しえるので「他山の石とすべし」という内容だった。このためか、日本の行政関係者も、管轄の地下鉄への安全点検をすぐに開始した。これはこれで素晴らしい反応なのだが、地道なボランティア活動の現場などを、日本のメディアが韓国社会の一側面として取りあげてもよいのではないかとも思った。

この後、洪達欽さんに事故現場となった中央路駅まで連れて行ってもらった。ここでも犠牲者を思い、駅で寝泊まりする遺族を支援するボランティアの人々がたくさんいた。それにしても、70〜80とは思えない洪達欽さんの元気な歩き方には感心させられた。

（基本取材は二〇〇三年三月）

5 スポーツ交流行事で見えたもの

藤口光紀《ふじぐちみつのり》さんら慶應義塾大学・延世大学のサッカー関係者、ＯＢの皆さん

◆「隣国を楽しみたい」を過小評価してはならない

日韓国交樹立四〇周年にあたる二〇〇五年は、両国政府によって「日韓友情年」と指定されていた。「日韓友情年」に関する事業を扱う事務局に届けられ、認定された行事は全部で六九〇件（日本開催四三七件、韓国開催一九五件、両国開催五八件）もあった。

この年の両国の外交関係は、竹島問題や靖国問題などで「日韓葛藤年」ともいえる様相を呈したが、この行事件数はけっこうな数である。特に届け出もされてない普段着の交流が倍以上はあるだろうから、民間を中心とした日韓交流を過小評価してはならないとあらためて思う。

一方、静岡でその年の年末に開催されたあるシンポジウムで、ある女性文化人は「韓国で『日韓

友情年』と言っているのは韓流の男性タレントだけだ。韓国人は日本と距離を置きたいと思っている」と、韓国の反日情緒をことさら強調していた。

とんでもない話だ。日韓の人口比（韓国が日本の約三分の一）で考えたら、韓国での交流行事のほうが多いくらいなのだ。討論会、演劇会、展示会、学術会議、障害者の集い、子供会、コンサート、映画会、スポーツ大会、ワークショップ、グルメコンテストなど多岐にわたった。

市民の現場感覚ではなく「上からの目線」で両国関係を紋切り型に悪く決めつける先の文化人のような人もいるが、関係を「良くしたい」と思っている両国の草の根の人々がとても多いというのが実感だ。韓国にも「上からの目線」で、日韓関係を見る人がいる。勇ましい発言をする人ほど、草の根交流や観光を含めた庶民の交流を過小評価している。

もちろん、両国関係を「良くしたい」というきれいごとではなく、それは「楽しみたい」と思っているのかもしれない。たとえば、〇五年九月にソウルの中心街で「日韓交流おまつり」という行事があったが、「ねぶた」や「よさこい踊り」など、日本の地方の祭りを再現した催しに約五万人の韓国人が興じた。その盛り上がりを、「信じられない光景を見た。歴史上、初めてのことだ」と、小倉紀蔵さんは『毎日新聞』（二〇〇五年九月二七日付）に書いていた。

日本の韓流ブームもそうだが、「隣国を楽しみたい」から韓国人が多く集ったのであろう。

◆相互補完を理解している交流盛んなサッカー界

このころ、そんな行事のひとつに、横浜・日吉で開かれた慶應義塾大学体育研究所（植田史生《うえだふみお》所長）主催の「慶應義塾大学・延世大学スポーツ交流シンポジウム『日韓のスポーツ、そして日韓のサッカー』」があった。

両大学は姉妹提携をしており、実質的な交流が盛んだ。筆者は日韓交流のあり方のようなことをここで話したのだが、これまで縁がなかった「体育会系」の人々との接触や話が刺激的であった。たとえば、延世大学体育教育学科助教授の陸東元《ユクドンウォン》さんは、韓国の体育教育事情を説明するなかで、男女別々だった体育の授業が八〇年代末には男女同一の場で行われることが求められたが、最近では再び別々にするよう希望する声が増えたと述べていた。

民主化が韓国の課題であった八〇年代と、プライバシー重視の昨今の社会的雰囲気とも関係しているようでもあり興味深かった。

また、サッカー関係者による座談会もあった。二〇〇六年はドイツで開催のサッカーW杯が控え、両国チームとも出場を決めていただけに、慶應義塾大学の学生（韓国人留学生を含む）は熱心に聞き入っていた。

特に、浦和レッドダイヤモンズ代表の藤口光紀《ふじぐちみつのり》さんと、慶應義塾大学体育研究所非常勤講師で、慶應義塾体育会ソッカー部（soccer の原音に近くこのように表記）監督の李宇䥞《イウヨン》さんの話は、国家代表選手の経歴もあり、日韓関係を象徴するエピソードが多かった。

サッカーから見た日韓には相互補完的な面があるのだなあと参考になった。

藤口さんによれば、日本は技術の高さでは優れているが、体力やスピードといったフィジカルな面では韓国が秀でているという。一方の李宇嶔さんは「**Jリーグのシステムなどで、韓国が日本から学ぶ点はたくさんあります**」と力説していた。

日韓のサッカーに詳しい多くの人々は、その違いをいろいろと指摘する。たとえば、日本ではどこの学校にもサッカークラブがあるが、韓国では特定のサッカーエリート校だけでサッカー活動が行われる傾向がある。日本はリーグ戦（総当たり戦）方式が主流だが、韓国ではトーナメント（勝ち抜き）方式が多い。

李宇嶔さんが指摘する「システム」の差はこれ以外のことも言っていたが、藤口さんも「**リーグ戦は試合しながら力が伸びていく利点があります。トーナメントは一発勝負にかける強さがあります。両方を取り入れることが大切なのではないか**」と語っていた。

そして、両国のサッカー交流について、「**指導層の間だけでなく、選手同士や草の根レベルでも多数あります**」と藤口さんは言い、李宇嶔さんは「**言葉だけで日本のサッカーを語るのではなく、韓国人が日本のサッカーを直接見ることが大切だと思います**」と言う。

お二人のように、日韓のサッカー界に携わる人の話を聞くと、交流は盛んだし、お互いに学ぶべきところを理解しているようで、悲観的な両国関係だけではないとも実感する。

◆同好、同業による交流がもっと活発になれば

筆者はまったくの運動音痴である。だからスポーツマンの気持ちが理解できないところがある。たとえば、スポーツ交流とはいえ、相手と戦うわけだから、「勝った」だの、「負けた」だので、わだかまりが残らないのだろうか。ましてや日韓関係である。

「そのあたりはとてもさっぱりしています。対戦相手であるからこそ、関係が深まって、むしろその後も仲良くなるケースが多いです」

この集まりで講演した延世大学同窓会体育文化委員常任理事の呉利澤《オテイク》さんはこう言っていた。また、藤口さんも、現役時代の次のようなエピソードも話してくれた。

「たとえば、ある第三国で日韓のチームが出会った際、その国の食事が日本人の口に合わないでいると、それを見かねたのか、ライバルの韓国チームからさっとキムチを差し入れられたことさえあります。友人になって今でも親交を続けている人もいます」

ところで、こうした日韓交流のシンポジウムはどういうきっかけで開かれるようになるのか。

統括した慶應義塾大学体育研究所の准教授石手《いしで》靖《やすし》さんに聞くと、**「とても単純なところから始まった」**という。同専任講師で、慶應義塾体育会ソッカー部の監督であった須田《すだ》芳正《よしまさ》さんが、同大の

三田キャンパスで開催されたある日韓関係のシンポジウムを傍聴したところ、「こんなシンポが延世大学と協力して体育研究所でもできたらいい」と、お二人で思いついたという。サッカー交流を通じてもともと韓国通であった須田さんの勧めで、石手さんは数年前に初めて訪韓した。大学対抗の試合などを競技場で見て、「隣国にこんなにスポーツが盛んな国があった」と衝撃も受けたそうだ。

李宇韺さん（左）と藤口光紀さん（右）
呉利澤さん（左）と陸東元さん（右）
須田芳正さん（左）と石手靖さん（右）

きっかけはどうであれ、いったん交流が行われれば、裾野は広がる。

運動音痴の筆者からすれば、日本人であれ、韓国人であれ、スポーツをやる人々は同じ人種に見える。逆に言えば、スポーツ人同士は異国人であっても通じるものがたくさんあるだろう。

同じ愉しみ、同じ悩みが理解できる。スポーツに限らず、同好、同業など日韓それぞれの「同類同士」による交流がもっと活発になれば、両国間の風通しはもっと良くなるかもしれない。

（基本取材は二〇〇五年一二月）

6「ネットワークと信頼関係の構築が肝要」

日本国際交流センター理事長　山本《やまもと》 正《ただし》さん

◆「日韓フォーラム」という知的交流

日韓間では「知的交流」の一つとして、両国の政策課題をめぐり率直に討論する「日韓フォーラム」が、年一回、開催されている。第一回の一九九三年以来、両国の政治・外交関係に紆余曲折があっても、政治家、経済人、学者、ジャーナリストなどが参加して、毎年開かれているのだ。

この会議の日本側の運営には、財団法人日本国際交流センター（ＪＣＩＥ）があたっている。非営利・非政府の立場から、米国、欧州各国、アジア諸国と広く国際的な知的交流を「触媒」している機関だ。

ＪＣＩＥの山本正理事長を東京・南麻布のオフィスに訪ね、知的交流について聞いてみた。

山本正さん。1936年、東京生まれ。米セント・ノーバート大学卒、マーケット大学院で経営学修士号。1970年に財団法人日本国際交流センターを設立

――これまでどのような知的交流を手がけてきましたか。

一九六七年に「下田会議」と呼ばれる日米間の民間会議を立ち上げ、第一回を静岡県下田市で開催しました。七〇年に当センターが正式に発足しますが、七〇年代の初めまでは日米関係が中心でした。七三年には日米欧委員会（現在は三極委員会と改称）というトライラテラル（三極）の対話、七五年には日欧会議も作って、ヨーロッパとの対話にも力を入れました。そして、七七年に日韓知的交流会議の第一回を東京で開催したのです。

――当時の日韓関係はとても良好とは言えない時代で、韓国は軍事独裁政権下でしたが。

私が初めて訪韓したのは七六年で、この会議の事前打ち合わせのためでしたが、とても難しい時代でした。難しいというのは、両国関係はもちろん、参加しようとする日本の学者が「なぜ軍事独裁の国との会議に出るのか」と周囲から反対されるということもありました。ただ、日本が国際社会で役割を果たすためには、欧米に続いて、対話を通じて隣国との関係を良くしていかなければならないという信念は揺らぎませんでした。フォード財団という団体にいる米

国人の友人からも「隣国との対話をするべきだ」と激励されました。

——日韓知的交流会議は九二年まで続きましたね。

九二年まで一〇回を数えました。それまで両国関係にかかわりがなかった多くのオピニオンリーダーが、この会議を通じて相手国の識者と知り合いになりました。それまでこうした交流の場がなかったので、たくさんの友情関係がここで芽生えたと言えます。

私自身、日韓交流の恩人ともいえる金俊燁《キムジュンヨプ》さん（後に高麗大学総長）や、家族ぐるみの付き合いもしている韓昇州《ハンスンジュ》さん（後に外相）は、この場で友人になりました。八八年から九一年までは日韓二一世紀委員会の運営にも携わり、九三年からは日韓フォーラムが開かれるようになります。

——日韓関係の現状をどう評価されますか。

「いまは最悪の関係だ」と断定する声も聞かれますが、それは違う。先にお話ししたように、七〇年代のように対話すら存在しない時代もあったのです。また両国関係が大切だと思っている人も大勢います。難題は多いが、解決が不可能というわけでもありません。

◆他の国々とは違う「深刻かつ真剣」な緊張感

——韓国との交流において、他の国々との知的交流と比べて、何か違いがありますか。

双方が「構えている」と言いましょうか。別の言葉で言えば、深刻かつ真剣なんです。米国との交流では、お互いにリラックスして話せるが、日韓間の対話ではそうでないことも多く（良い意味での）緊張感があると言えます。また、かつても現在もそうですが、過去の歴史問題が議論になります。これは当然といえば当然でしょうね。

――そもそも日韓間の知的交流にはどんな意味があると考えますか。

キーワードはネットワークと信頼関係の構築です。最初は疑心暗鬼なのですが、対話の重要性が認識され、相互理解が進む。そして、対話は一回きりでは効果が少なく、継続させなければなりません。そうしてこそ、ネットワークと信頼関係が築けます。相互依存しながらの取り組むべき共通の課題も、そこから見いだされるのではないでしょうか。

――日韓間の知的交流にとって、今後の課題はどんなことがありますか。

第一に、次世代へどうつなげていくのか。第二に、これまで日韓関係に関与してこなかった識者をどうインボルブする（巻き込む）のか。第三に、グローバルなコンテキストのなかで両国関係をどう位置付けるのか。第四に、日韓が共同すると何ができるのか。第五に、交流の方法としてマンネリ化をどう避けるのか……要約すると、こうした点を考えていくことだと思います。

――山本さんは英語が流暢ですが、外国語を上達させる秘訣は何でしょうか。

努力です（笑）。いつの日にか、そのことばでネイティブと話せるのを夢見ることも効果があるでしょう。その喜びは大きいです。身につけるプロセスそのものが大切だと思うことも重要です。

ことばができると単に便利なだけでなく、相手を理解しながら、地球世界のなかでの自分を大きくすることになる。個人が国際化するプロセスでもあります。

日本の若者に韓国語ができる人が増えたという印象を持っております。（韓国人と）英語で話す機会が多く、私は韓国語を学習する機会を逸しただけに、これはとても心強い。その国のことばを知れば相手の考え方も理解できる。日韓関係にとって素晴らしいことですね。在日コリアンの若者が、祖国の人と韓国語で話せる意味も大きいはずです。

（インタビューは二〇〇六年一一月）

＊　＊　＊

山本さんがリードしてきた日韓フォーラムは、二〇〇八年八月に東京で開催された会議で、一六回目を迎えた。筆者はこのうちの六回ほどメンバーとして参加する機会があった。筆者がメンバーとなる前の第三回会議（一九九五年九月）で、二〇〇二年W杯の共催を検討すべきだと、どこよりも早く提言している。

同フォーラムの第一回会議からのメンバーでもある若宮啓文《わかみやよしふみ》さん（朝日新聞コラムニスト）は、著書で九五年当時のムードを次のように伝えている。

「日韓のどちらが勝っても大きなしこりを残すに違いなく、とくに日本が勝った場合は再び韓国の反日感情に火がつきかねない。それをみな心配していたのだ」（『和解とナショナリズム――新版・戦後保守のアジア観』朝日新聞社、二〇〇六年）

同フォーラムがW杯共催を提言してから、その他の要因も相まって共催が決定するまでの経緯は、元毎日新聞論説委員の仮野《かの》忠男《ただお》さんの著書『新時代へのキックオフ』（角川書店、二〇〇一年）に詳しい。

同書によれば、山本正さんが、九五年当時、関係する国会議員や外務省幹部らにW杯共催について意見を求めたところ、「W杯を共催できるほどに日韓関係は成熟しているのか」「日韓関係の現状から共催は無理。技術的にも不可能」などと、突き放した答えが圧倒的であったという。

ところが、九六年には共催が決まった。同フォーラムの提言だけで決まったわけではないが、「単独国での開催」というFIFA（国際サッカー連盟）の規約を乗り越えた。たとえ制度的に難しいと思われても、日韓間の交流や関係が発展するための意見や提言を、さまざまな形でどんどん発信すべきだ。一部から感情的な反発が予想されるような案だってよいと思う。

たとえば、竹島問題についても奇抜な発想があってもよいはずだ。W杯共催にしても、実現直前までは突き放した意見ばかりだったというのだから、領土という国家主権が絡むとはいえ、竹島をめぐっても思わぬ解決方法があるかもしれない。「こんな不当な主張をする国はない」とばかりに、感情むき出しで国際社会に向けても相手国を批判するのは、品位がない。

領土の対立は他の国家間にもある。スペインのバタホス県に帰属しているオリベンサという地方があるが、ここは住民の大半がポルトガル人である。ポルトガルが返還を要求しているが、スペインが実効支配を続けている。無人の岩礁にすぎない竹島よりも深刻な問題をはらんでいる土地ともいえるが、ここの帰属をめぐってポルトガル人がスペイン国旗を抗議のために焼くという話は聞かない。両国ともＥＵ（欧州連合）の加盟国としてさまざまな分野で協力している。

第16回日韓フォーラム（2008年8月、東京）の様子（筆者の席から撮影）。年に1度、日韓の都市交互で開催される

日韓関係を考える時、他の二国間関係と比べてどうなのかという相対的な視点が大切だと思う。筆者のように、日韓間ばかりを往来している人間からすると、どうしても両国関係を狭い「玄界灘」の間だけでとらえがちで、「地球儀」のなかで把握できない。

その点、山本さんは、日本と諸外国とのさまざまな知的交流や政策対話に中心的存在として携わってきた。ドイツ連邦共和国功労勲章大功労十字章、大英勲章、オーストラリア名誉勲章を受章し、国際交流基金奨励賞、アジア太平洋文化賞なども受賞している。こうした国際経験から、グローバルシチズン（地球市民）とでも言うべき視点で日韓関係を見つめている。温厚な人柄ながらも、長い経験から出た「対話すら存在しない時代もあったのです」との強い指摘には、特に重いものを感じる。

最も考えやすいのは経済関係だが、多方面の分野において「日本なしの韓国」と「韓国なしの日本」は、もはや成り立たないだろう。切っても切れない二国間関係である。同時に、地球儀を見ると、日本と韓国は狭い海峡を挟んで隣り合う二国に過ぎない。普通の日本人にはスペイン人とポルトガル人の区別がつかないように、国際的に見たら日韓間の差はたいしたことがないのかもしれない。

ミクロとマクロの双方の視点から日韓関係をとらえながら、二国間の交流を考えたいものだ。

あとがき

「まえがき」でも書いた「日韓パートナーシップ宣言」からの一〇年の間、パートナーシップを象徴するような出来事が相次いだ。韓国での日本大衆文化の段階的開放措置、日韓共催のワールドカップ・サッカー大会、日本での「ヨン様」人気をはじめとする韓流現象などである。「日韓文化交流小年表」を作って巻末に付してみたが、いろいろな交流が行われたことがわかる。

そうかといって、日韓交流がいっそう促進されるような出来事ばかりだったわけではない。歴史認識問題や領土問題をめぐって、摩擦も多かった。これまでの韓国における「反日」のほかに、日本で「嫌韓」が頻出語になったのもこの時期だ。この一〇年はインターネットが急速に発達した時期と重なる。ネットが交流の促進だけでなく、摩擦の助長に一役買ったのかもしれない。

同時に、日韓両国がイコール・パートナーになりつつあるからこそ、摩擦が深化するという解釈もできる。渡辺靖『アメリカン・センター——アメリカの国際文化戦略』（岩波書店、二〇〇八年）によれば、「嫌米」が『現代用語の基礎知識』に初登場したのは一九九二年版で、七〇年代後半から九〇年代に、日米両国がイコール・パートナーシップを求められるに伴い、両国における「アメリカ人論と日本人論、ナショナリズムとペイトリティズムの応酬が激化した時代」となったという。

個人的には、日本に「親韓」と「嫌韓」の両者があってよいと思っている。たとえば、日本社会に「親米」と「嫌米」があったからこそ、日米関係が成熟したはずだからだ。

本書のキーワードは「日韓交流」ではあるが、本書で紹介した各界の方々のインタビューやコメントからも、交流の現状だけでなく、摩擦とその解決のヒントも浮き彫りになったと思う。おもしろいエピソードも多い。なかには歴史的秘話もある。どれも貴重で真摯な意見だ。

もちろん、本書は「日韓交流はこうあるべきだ」と結論づけたり、ある一定の意見へ誘導する意図を持っているわけではない。本書はあくまで日韓交流のスクランブル（交差点）にすぎない。このスクランブルで交わされた話をどう考えるか、どう意味づけするかは読者次第である。

本書の出版にあたり、何よりもまずインタビューに応じて頂いた方々とその関係者の皆さんに深く感謝したい。どの方もご多忙のところ、時間を割いて頂いてうれしい限りであった。すでに鬼籍に入った方々もおり、天国にも謝意をもって本書を捧げたいと思う。スケジュールを調整して頂いた関係者（秘書やマネージャーの皆さん）にも何とお礼を言って良いかわからない。

お話し頂いた方々は筆者と以前から知り合いだった方も多いが、「この人に会いたい」と思っても面識のない方の場合、多くの知人・友人に仲立ちを頂いた。本来ならば、名前を挙げるべきだが、多数に及ぶのでここに深くお礼を申し上げる次第である。また、会いたい人が所属する事務所等に、何のつてもなく突然の電話でインタビューを申し込んだところ、ご快諾を頂いたケースもあった。仕事で初対面の方で、その際の雑談が面白かったので、インタビューに切り換えることにお許しを頂いたケースもあった。筆者のように怪しい人間（?）を受け止めてくれたご厚情にもありがたく思うばかりである。

本書は、月刊誌のNHKテレビ『アンニョンハシムニカ？　ハングル講座』（NHK出版）での連載を中心にして加筆・再構成した。NHK出版の昆野あづささん、中山良生さん、西村有希さんに、あとがきを借りてお礼を申しあげたい。単行本刊行にあたっては、大修館書店の富永七瀬さんと五十嵐靖彦さんに絶大なお世話を頂いた。富永さんには当初の企画から表現法まで多大な助言を受けた。深く感謝を申しあげる次第である。

二〇〇八年一〇月八日「日韓パートナーシップ宣言」一〇周年の日に

静岡・清水にて　小針　進

本書は、ＮＨＫテレビ『アンニョンハシムニカ？　ハングル講座』（ＮＨＫ出版）に連載した拙文に加筆し、再構成したものが中心である。

連載時のタイトルと本書で使った拙文が掲載された号は次の通りである。「三千里社会の扉から」（二〇〇一年九月、二〇〇三年二月の各号）、「コリアすくらんぶる」（二〇〇三年四月〜六月　八月〜一二月、二〇〇四年二月、四月、五月、七月、九月、一二月、二〇〇五年二月、五月、七月、九月〜一二月、二〇〇六年一月〜六月、一〇月〜一二月、二〇〇七年一月〜三月の各号）。

また「日本の『文化侵略』に音無しソウル最近事情」（『諸君！』一九九九年五月号、文藝春秋）、「書評『越境人たち六月の祭り』」（『国際人流』二〇〇四年三月号、入管協会）、「コラム放射線／スローシネマのすすめ」（『東京新聞』および『中日新聞』二〇〇四年八月三一日付、夕刊）の各拙文の一部も使用した。第三章に掲載した大木金太郎（金一）さんとの一問一答は書き下ろしである。

写真は、ことわりのあるものを除いて、筆者撮影による。

［巻末資料］日韓文化交流小年表（1998〜2008年）

年	主な出来事	備考
1998	日韓両国首脳、「日韓パートナーシップ共同宣言」に署名 韓国政府、日本大衆文化の段階的開放措置を発表 韓国で初の日本映画として『HANA-BI』『影武者』がロードショー	1998 金大中政権発足 小渕政権発足
1999	映画『８月のクリスマス』が東京などで劇場上映 両国間でワーキングホリデー制度が開始 韓国政府、日本大衆文化の段階的開放措置（第２次）を発表 中山美穂主演映画『Love Letter』が韓国ロードショーでヒット 日本人の海外旅行先として韓国がハワイを抜きトップに	
2000	映画『シュリ』をシネカノンが全国ロードショーしヒット ユンソナが日本での芸能活動を本格化 助六太鼓が済州島で公演（02年にはソウル公演） 韓国政府、日本大衆文化の段階的開放措置（第３次）を発表 「NANTA」が東京・大阪で公演	2000 森政権発足
2001	フジテレビ、深夜番組「チョナン・カン」を放送開始 『ニューズウィーク』が「韓国をうらやむ日本人」を特集 「高句麗今昔を描く平山郁夫展」が日本各地で開催（〜02年） BoAが日本デビュー 国際交流基金ソウル日本文化センターが開設	2001 小泉政権発足
2002	日韓宮中音楽交流演奏会が日韓４都市で開催 日本美術名品展が国立中央博物館（ソウル）で開催 「いま、話そう―日韓現代美術展―」が果川《クァチョン》で開催 「韓日音楽祭2002」が国立劇場大ホール（ソウル）などで開催 演劇「その河をこえて、五月」がソウルの「芸術の殿堂」で公演 ミュージカル「はだしのゲン」がソウルで公演 KBS「開かれた音楽会」が幕張で公開録画放送 韓国国立国楽高校生徒が鳥取で公演 BSやローカル局で「秋の童話」など韓国ドラマ放映が目立つ TBSが「フレンズ」（深田恭子主演）、フジテレビが「ソナギ」（米倉涼子主演）を、それぞれMBCと共同でドラマ制作し放映	2002 日韓国民交流年 小泉訪朝

	日韓共催でワールドカップ・サッカー大会（W 杯）が開催	
	宮崎駿監督『千と千尋の神隠し』が韓国ロードショーでヒット	
	日韓交流文化に関する宣言（ソウル宣言）	
	BoA が NHK 紅白歌合戦に初出演（以降、５年連続）	
2003	「韓国国立中央博物館所蔵日本近代美術展」が京都で開催	**2003**
	盧武鉉大統領が日本の市民とタウンミーティング（TBS テレビ）	**盧武鉉政権発足**
	韓国映画『猟奇的な彼女』が日本でロードショー	
	韓国文化観光部が米倉涼子を「韓国文化観光親善大使」に任命	
	羽田空港と金浦空港を結ぶ航空路線が開設	
	日本政府、韓国人修学旅行生のビザ免除を決定	
	NHK・BS で「冬のソナタ」を放映	
	韓国政府、日本大衆文化の段階的開放措置（第４次）を発表	
2004	NHK・総合テレビで「冬のソナタ」を放映	**2004**
	ユネスコが世界遺産として「高句麗古墳群」を登録	**小泉再訪朝**
	大相撲韓国公演／ソウル場所・釜山場所	
	日韓次世代学術フォーラム第１回国際学術大会（釜山）	
	津軽三味線「吉田兄弟」がソウル公演	
	ペ・ヨンジュン来日で空港がパニック（４月羽田、11 月成田）	
	フジテレビ、在日韓国人を扱った「東京湾景」を「月９」枠で放映	
	フジテレビ、「土曜ワイド・韓流アワー」を放映	
	ペ・ヨンジュン、中越地震発生で 3000 万円を寄付	
	「日本映画：愛と青春 1965-98」文化庁主催で開催（ソウル）	
2005	松竹大歌舞伎近松座訪韓公演（ソウル、釜山、光州）	**2005**
	愛知万博の便宜で韓国人の訪日に暫定的なノービザ措置	**日韓友情年**
	韓国映画『私の頭の中の消しゴム』が日本でヒット	**竹島問題浮上**
	「日韓交流おまつり」がソウルで開催	
	「日韓こども文化交流」が文化庁主催で開催（ソウル）	
	東アジア茶文化シンポがソウルの中央大学で開催（裏千家など主催）	
	宝塚歌劇団韓国公演（ソウル）	
	「日本映画：多様な展開」が文化庁主催で開催（ソウル）	
	日韓ダンス交流フェスティバルが国際交流基金主催で開催	

	NHK・総合テレビで「宮廷女官チャングムの誓い」を放映 オペラ「夕鶴」が芸術の殿堂（ソウル）で公演 さいたまスーパーアリーナで「韓流オールスターサミット」	
2006	李承燁が読売巨人軍に入団 NHK交響楽団訪韓公演 韓国人の訪日に恒久的なノービザ措置 アイドルグループ「嵐」が訪韓で仁川空港に2000人のファン殺到 「第1回東アジア放送作家カンファレンス」が釜山で開催 安倍晋三首相の昭恵夫人が韓流ファンであることが話題に 笑福亭銀瓶・韓国語落語ソウル公演 韓国出版界の年間ベストセラーで日本小説が大挙ランクイン 劇団四季がミュージカル「ライオンキング」をソウルで公演開始	**2006** **安倍政権発足**
2007	天皇・皇后両陛下、日韓合作映画「あなたを忘れない」を鑑賞 朝鮮通信使400周年記念行事が日韓の各地で開催 リュ・シウォン、中越沖地震発生で1000万円を寄付 「日韓まんがフェスティバル」が北九州で開催 「千の風になって」韓国語版リリース 韓国国際交流財団が東京に事務所を開設 ＮＨＫが日韓関係を扱った長谷川京子主演ドラマ「海峡」を放映	**2007** **福田政権発足**
2008	日本音楽著作権協会と韓国音楽著作権協会がパートナーシップ共同声明 李明博大統領が日本の市民とタウンミーティング（TBSテレビ） ペ・ヨンジュン来日で、関西空港に3000人のファン殺到 ソウル大学図書館、年間貸出1位が奥田英朗『空中ブランコ』と発表 竹島問題の余波で日韓間の交流事業が相次いで中止・延期 日本の漫画「神の雫」が韓国でドラマ化決定（ペ・ヨンジュン主演）	**2008** **李明博政権発足** **日韓観光交流年** **竹島問題再浮上** **麻生政権発足**

[著者略歴]

小針　進（こはり　すすむ）

1963年千葉県生まれ。東京外国語大学朝鮮語学科卒、韓国・西江大学公共政策大学院修士課程修了、ソウル大学行政大学院博士課程中退。特殊法人国際観光振興会職員、外務省専門調査員（在ソウル）などを経て、静岡県立大学国際関係学部教授。専門は韓国社会論。著書に『韓国人は、こう考えている』（新潮社）、『韓流ハンドブック』（共編著、新書館）、『韓国歴代大統領とリーダーシップ』（共訳、柘植書房新社）などがある。

日韓交流《にっかんこうりゅう》スクランブル——各界最前線《かくかいさいぜんせん》インタビュー

NDC221／viii, 264p／19cm

初版第1刷——2008年11月28日

著　者————小針《こはり》 進《すすむ》
発行者————鈴木一行
発行所————株式会社 大修館書店
〒101-8466 東京都千代田区神田錦町 3-24
電話 03-3295-6231(販売部)/03-3294-2354(編集部)
振替 00190-7-40504
[出版情報] http://www.taishukan.co.jp

装丁者————下川雅敏
印刷所————精興社
製本所————牧製本

ISBN978-4-469-23251-6